L'ÉTAT FÉDÉRATIF

LÉGISLATION COMPARÉE ET SOCIOLOGIE

PAR

RAOUL de LA GRASSERIE

CORRESPONDANT DU MINISTÈRE DE L'INSTRUCTION PUBLIQUE, DOCTEUR EN DROIT,
JUGE AU TRIBUNAL CIVIL DE RENNES,
MEMBRE DE L'ACADÉMIE DE LÉGISLATION DE TOULOUSE,
DE L'INSTITUT INTERNATIONAL DE SOCIOLOGIE, DE LA SOCIÉTÉ DE SOCIOLOGIE DE PARIS,
DES SOCIÉTÉS DE LÉGISLATION COMPARÉE ET DE STATISTIQUE DE PARIS,
DE LA SOCIÉTÉ DE LÉGISLATION COMPARÉE D'ALLEMAGNE,
DE LA SOCIÉTÉ DES GENS DE LETTRES.

PARIS

ANCIENNE LIBRAIRIE THORIN ET FILS

A. FONTEMOING, Editeur

LIBRAIRE DES ÉCOLES FRANÇAISES D'ATHÈNES ET DE ROME
DU COLLÈGE DE FRANCE, DE L'ÉCOLE NORMALE SUPÉRIEURE
ET DE LA SOCIÉTÉ DES ÉTUDES HISTORIQUES

4, RUE LE GOFF, 4

1897

L'ÉTAT FÉDÉRATIF

DROIT POLITIQUE ET CONSTITUTIONNEL

SOCIOLOGIE

L'ÉTAT FÉDÉRATIF

LÉGISLATION COMPARÉE ET SOCIOLOGIE

PAR

RAOUL de LA GRASSERIE

CORRESPONDANT DU MINISTÈRE DE L'INSTRUCTION PUBLIQUE, DOCTEUR EN DROIT,
JUGE AU TRIBUNAL CIVIL DE RENNES,
MEMBRE DE L'ACADÉMIE DE LÉGISLATION DE TOULOUSE,
DE L'INSTITUT INTERNATIONAL DE SOCIOLOGIE, DE LA SOCIÉTÉ DE SOCIOLOGIE DE PARIS,
DES SOCIÉTÉS DE LÉGISLATION COMPARÉE ET DE STATISTIQUE DE PARIS,
DE LA SOCIÉTÉ DE LÉGISLATION COMPARÉE D'ALLEMAGNE,
DE LA SOCIÉTÉ DES GENS DE LETTRES.

PARIS

ANCIENNE LIBRAIRIE THORIN ET FILS

A. FONTEMOING, Editeur

LIBRAIRE DES ÉCOLES FRANÇAISES D'ATHÈNES ET DE ROME
DU COLLÈGE DE FRANCE, DE L'ÉCOLE NORMALE SUPÉRIEURE
ET DE LA SOCIÉTÉ DES ÉTUDES HISTORIQUES

4, RUE LE GOFF, 4

1897

L'ÉTAT FÉDÉRATIF

LÉGISLATION COMPARÉE ET SOCIOLOGIE

Le monde civilisé comprend deux sortes d'Etats bien différents qui se partagent à peu près son domaine géographique : les Etats fédératifs et les Etats unitaires. Dans les premiers, le lien entre les diverses parties composantes est très relâché, quoiqu'à des degrés différents ; dans les seconds, il est tellement fort que souvent ces parties deviennent politiquement identiques, se fondent dans la masse, toute la vie nationale se concentre dans la tête. Il existe encore une troisième sorte d'Etats, ce sont ceux qui, très petits en étendue, ne sont point entrés en union, même libre, avec des Etats voisins de même grandeur, de manière à former un Etat collectif supérieur ; ce sont les Etats isolés. On peut citer quelques types qui rendront plus concrètes ces idées. Tandis que la France est un Etat unitaire par excellence, l'Allemagne, les Etats-Unis, la Suisse, sont des Etats fédératifs, et le Luxembourg est un Etat isolé.

Comme on le voit, et quoique cette confusion soit faite quelquefois, il n'y a aucune coïncidence entre *fédératif* et *républicain* d'une part et *unitaire* et *monarchique* de l'autre. Sans doute, comme nous le démontrerons avec l'histoire et la logique, il y a entre le régime républicain et l'état fédératif une grande affinité. Cependant les Républicains ont repoussé quelquefois avec beaucoup d'énergie l'idée fédérative, c'est ce qui est arrivé en France en 1789, où fédéralisme devint contre les Girondins synonyme de réaction. D'autre part, l'Allemagne très monarchique fut le pays de la fédération par excellence ; l'Autriche n'est qu'une réunion de peuples différents. Il ne faut donc pas confondre ces deux ordres d'idées. N'oublions pas pourtant que le régime républicain semble réussir plus facilement dans les pays de fédération, qu'il y est plus réel, et que partout les monarques s'efforcent d'affaiblir chez eux le système fédératif.

Si ce régime n'est pas indispensable à la forme républicaine, il semble qu'il soit nécessaire à l'établissement du gouvernement direct. On sait que ce gouvernement exclut, en partie au moins, la représentation, et exige le concours actuel de tous les citoyens dans les questions importantes ; son instrument est le *referendum* ou le plébiscite, quelquefois la discussion en assemblée populaire. Partout où ce régime a vécu, il s'est produit chez des peuples peu nombreux et sur un territoire peu étendu, soit que l'Etat fut restreint, soit, ce qui revenait au même pour son exercice, qu'il fût divisé en des Etats secondaires, où cette participation directe devenait possible. En effet, on ne peut discuter que sur un *forum* unique ; et pour que ce *forum* soit unique, il faut que l'unité politique immédiate et autonome ne contienne qu'une ville importante. L'élection des fonctionnaires ne peut avoir lieu non plus pour un territoire dont on ne connaît pas les personnes. Le vote plébiscitaire lui-même, pour être conscient et pouvoir s'étendre au-delà de la fixation des principes les plus élémentaires, doit avoir lieu sur un champ limité, sans quoi il se confond avec d'autres votes, avec des volontés étrangères qui font que le résultat n'est plus la volonté de la communauté des habitants. C'est sans doute une question de savoir si le gouvernement direct est préférable et nous ne la discuterons pas ici ; nous voulons seulement constater qu'il est situé dans la même direction que le gouvernement fédératif ; le second peut bien exister sans le premier, mais le premier ne le peut sans le second. Il est inutile de dire qu'entre le principe fédératif et celui de décentralisation, la parenté la plus étroite existe ; cela est vrai par définition.

Vis-à-vis de l'Etat isolé, l'Etat fédératif représente l'idée de lien ; vis-à-vis de l'Etat unitaire, au contraire, il donne celle de dissociation. C'est un moyen terme entre les deux. Il existe, d'ailleurs, tous les degrés du principe fédératif ; le lien peut être plus ou moins resserré. La moindre dissociation qui se produit dans l'Etat unitaire est déjà de la fédération, il en est de même de la moindre cohésion entre Etats isolés. Il est intéressant de noter ces divers degrés ; d'autant plus que le processus historique est presque toujours le même, et suit l'ordre que voici. D'abord, les Etats de même langue, de même culte, de mêmes nécessités historiques se joignent momentanément pour la défense commune ; il y a là simple alliance défensive, qui parfois devient offensive et parfois aussi se prolonge. Les deux Etats se trouvent réunis sous le même chef et peuvent le conserver ; mais les institutions distinctes de ces pays demeurent ; quelquefois le même est devenu chef des deux au moyen d'un mariage. Alors se réalise l'union dite personnelle. Quelquefois cette union est moins volontaire, elle a pour origine non plus la défense commune, mais la conquête d'une des nations par l'autre, cependant une conquête motivée à cause de la communauté de race ; une des nations possède alors l'hégémonie, mais l'autre reste presque autonome. Si cette union a lieu entre un certain nombre de collectivités, elle tend à devenir de plus en plus étroite ; l'autonomie de chacun des éléments diminue peu à peu ; ils se mettent de niveau, ou l'un d'eux prend la prépondérance et devient capital sur tous les autres. Lorsque l'assimilation est complète, on passe à l'Etat unitaire. A son tour, l'Etat unitaire, lorsqu'il devient trop grand ou qu'il comprend trop d'éléments hétérogènes, se dissocie, et l'on retourne à l'Etat fédératif. Telle est l'évolution dans son ensemble ; nous aurons à y revenir. Nous voulions seulement, indiquer que le système fédératif n'est pas un et indivisible, mais comporte beaucoup de nuances.

Nous rechercherons dans la présente étude : 1º lequel est le fondement logique et naturel dans la sociologie de ces trois systèmes : l'isolation, le fédéralisme et l'unitarisme, 2º quel rôle ils ont joué et jouent encore dans l'histoire et la géographie des peuples, 3º quelle est leur valeur respective, relative et absolue, pour le plus grand bien social ; en d'autres termes, nous diviserons notre travail en trois parties : partie théorique, partie expérimentale et partie pratique.

PREMIÈRE PARTIE

PARTIE THÉORIQUE

Quelle est la véritable nature de l'Etat fédératif, différente de celle de l'Etat unitaire et de l'Etat isolé ? En la définissant, nous aurons par contre-coup défini les deux autres. Pour bien le faire, d'une manière sociologique et non empirique, il faut nous élever un peu au-dessus de cette question particulière et prendre des exemples dans le monde naturel. La *matière cosmique*, comme la *matière sociale*, est susceptible, sous l'action du mouvement, soit mécanique, soit converti en forces chimiques ou physiques, de se *resserrer* et de se *dilater* continuellement, en d'autres termes, de *s'associer* et de se *dissocier*. La première situation est celle de l'*isolement ;* les éléments trop épars ne peuvent se réunir, il n'existe pas à l'extérieur de noyau qui les attire et ils demeurent inertes ; on ne peut dire qu'il y ait dissociation, puisque celle-ci suit l'association ; il y a seulement isolement ou *raréfaction initiale.* Plus tard, soit

sous l'action de la chaleur, soit sous celle de la pesanteur, les molécules se rapprochent les unes des
autres, suivant d'ailleurs un triage qu'on nomme
l'*affinité*, il se forme des groupes, et entre les différents groupes, des unions ; les soleils naissent et un
lien, au moins celui de la gravitation, les relie les uns
aux autres. C'est la *condensation*. Puis, cette condensation est suivie d'une *raréfaction* nouvelle ;
des parties des étoiles se détachent et vont former
de simples planètes. A ce processus de l'ordre as-
tronomique, répond un processus de l'ordre chi-
mique ; les éléments sous l'action de la chaleur se
réunissent, se combinent ; si la chaleur augmente, ils
se dissocient.

La matière est donc partout en passage de l'état
de *raréfaction* à celui de *condensation*, de ce dernier
à celui de *raréfaction nouvelle ;* ailleurs, elle passe, ce
qui revient au même, de l'isolement à la *combinaison* et de celle-ci à la *dissociation*. C'est une *alternance générale*, mécanique, favorisée par des circonstances extérieures, mais dont le principe est
intrinsèque et nécessaire. L'action de la pesanteur,
l'attraction magnétique des aimants ont aussi le
même sens, d'autant plus que cette dernière, après
avoir attiré, repousse, a le double effet alternatif.

*On peut constater dans le monde social presque tous
les phénomènes du monde physique. En tout cas, on
y découvre celui qui répond à l'alternance de la raréfaction et de la condensation, de la combinaison et
de la dissociation, de l'attraction et de la répulsion.*

C'est précisément celui qui nous occupe ici. La matière sociale est tout d'abord isolée, puis elle se réunit formant divers Etats, d'abord isolés à leur tour ; puis, les Etats isolés s'unissent d'une manière plus ou moins serrée ; ils sont alors à l'état fédératif ; puis, ils ne forment plus qu'une seule masse, c'est l'Etat unitaire ; enfin celui-ci se démembre et l'on retourne sinon toujours au *fédéralisme*, au moins à la *déconcentration* et à la *décentralisation*.

Nous avons dit que dans le monde cosmique *l'agent de ces transformations est le mouvement* et surtout une des formes du mouvement, la *chaleur*. Quel est-il dans le monde social ?

Le grand transformateur est toujours le *mouvement*, mais le *mouvement social*, c'est-à-dire l'*action humaine*, et d'abord l'*action involontaire et mécanique*. Au point initial, les individus sont épars, tout au plus réunis en famille, de grandes distances existent entre eux ; aussi l'état primitif de l'humanité a été *pacifique ;* on ne tournait la force que contre les animaux sauvages, par ce motif simple qu'il n'existait pas d'autres hommes à combattre. Puis, les familles se multiplièrent et finirent ainsi par se rencontrer. On se disputa l'espace ou la proie commune. De là la guerre. *La guerre est le grand moteur de l'histoire.* Nous l'avons souvent combattue, comme devant disparaître dans le stade de civilisation actuel, mais elle a rendu le service de souder de sa soudure sanglante, longtemps seule possible, peu à peu toute l'humanité,

La guerre opéra pour transformer les Etats isolés en Etats confédérés de *deux manières différentes*. Tantôt les petits Etats se réunirent pour résister à l'ennemi commun, et c'est alors que naquit la fédération véritable. Ces Etats ne mirent en commun que leurs intérêts communs ; les autres restèrent en dehors, réglés par chacun d'eux ; l'union devint quelquefois plus forte, mais sans détruire les autonomies. Cependant les rapports entre eux devenaient fréquents, et il put n'y avoir à la longue qu'un seul Etat à l'extérieur, tandis qu'il y en avait plusieurs à l'intérieur. Cette distinction entre l'*extérieur* et l'*intérieur* caractérise bien le *stade fédératif*, et lui a longtemps servi de *critère*. Ce n'est que plus tard que, l'union augmentant, d'autres critères se sont successivement établis. Tel fut un des effets bienfaisants de la guerre, la destruction de l'état primitif d'isolement, la création d'une société plus ample, le premier pas fait pour l'union de l'humanité. Mais elle opéra encore d'une manière différente. Le moyen que nous venons de décrire n'avait effet qu'entre les peuples congénères ou ayant entre eux des affinités. Quelquefois ce rapprochement n'aurait pas suffi pour le développement de l'histoire. Il fallait fondre au moins momentanément des races diverses. Alors la guerre éclatait d'un Etat à l'autre. Elle finissait par la conquête. Or, cette conquête pouvait avoir des résultats différents : si les races n'étaient pas trop hétérogènes, le vainqueur se contentait d'une suprématie, d'un lien imposé, mais il n'absorbait pas l'autonomie du peuple vaincu ; c'est ce qui eut lieu souvent dans la conquête romaine, quand les ennemis n'avaient pas trop résisté ; alors il se fondait une fédération, mais distincte de la précédente, en ce qu'elle était toujours *hégémonique*, le vainqueur conservant la prééminence. Que si la résistance était acharnée, le peuple vaincu était réduit en esclavage, ou tout au moins, perdait toute autonomie. Plus de fédération alors, il y avait unification, gouvernement unitaire au profit du vainqueur. Par cette compression énergique, l'influence se faisait encore plus sentir, le vainqueur pénétrait davantage le vaincu, et le vaincu, le vainqueur. Mais au bout d'un temps plus ou moins long, si les peuples envahis et asservis étaient trop nombreux, si le territoire du vainqueur était devenu trop grand, les éléments se dissociaient. et après avoir reçu la force et la civilisation du vainqueur, le vaincu redevenait son vassal, son confédéré. Enfin la guerre opéra encore d'une troisième manière : par l'alliance forcée ; le peuple le plus faible redoutant l'autre, sans entrer en lutte avec lui, se déclarait son allié et entrait dans son orbite.

La *guerre* a donc été, pour la *confédération* des peuples, ce que le *mouvement* a été pour la *condensation* dans le monde physique, et de même que dans ce dernier le mouvement a été plus tard l'élément de *dissociation* (nous avons vu que la chaleur en s'élevant détruisait les combinaisons dont elle avait été le seul facteur) de même dans le monde social, la guerre dissocia les peuples unis, mais alors ce n'est plus la guerre étrangère, mais la guerre civile, celle de sécession.

Si la *guerre est le mouvement social,* la paix est l'*absence de mouvement.* Elle aurait le résultat certain d'opérer la dissociation et l'isolement des Etats, d'amener au moins l'état de fédération. Aussi toutes *les nations fédératives sont pacifiques ;* elles le sont d'abord entre leurs parties par définition même, mais elles le sont aussi vis-à-vis des nations étrangères. On sent combien les Etats-Unis, la Suisse, l'ancienne confédération allemande pourraient difficilement déclarer la guerre ; l'hégémonie seule, lorsqu'elle existe, leur restitue des tendances belliqueuses ; l'Allemagne, sous celle de la Prusse, les reprend, et elle le fait surtout parce que la plus grande partie de son territoire est unitaire. Les états centralisés, comme la France, la Russie, déclareraient la guerre plus facilement. La paix solidement assise aurait donc pour résultat de relâcher le lien intérieur qui réunit les provinces ; l'absence d'ennemi extérieur produit d'ailleurs ce résultat partout. La guerre est-elle donc nécessaire pour reformer ce lien et empêcher la raréfaction absolue ? Oui, pendant une certaine période et lorsqu'elle ne peut être remplacée ; non, lorsque cette forme de mouvement peut être remplacée par une autre. Or, au stade de civilisation où nous sommes, le rôle de la guerre peut être rempli par le commerce qui est le *mouvement pacifique* entre nations. C'est lui qui reforme le degré de condensation nécessaire et de communication réciproque que la guerre ne pourrait plus fournir. *L'action de l'argent remplace l'action du sang.*

Tel est le *ressort* de *raréfaction* et de *condensation alternantes* du monde social. Il n'existe pas seulement dans l'intérieur de chaque Etat, mais a opéré d'Etat à Etat tout à fait indépendant, de race et de géographie distinctes. L'instinct de condensation a été quelquefois si fort dans l'histoire qu'il s'est agi prématurément de réunir tout le genre humain, au moins tous les peuples civilisés. Tel a été le cas des grands conquérants depuis ceux d'Assyrie jusqu'à Napoléon 1er ; leur rêve de domination universelle était un *instinct ;* en la voulant, ils ne commandaient pas, ils obéissaient. Leurs conquêtes n'ont jamais été qu'éphémères, mais nullement sans résultat. Ils ont soudé violemment les peuples les uns aux autres, fait pénétrer leurs idées que des moyens plus doux n'auraient pu introduire dans les têtes, et tenté de réaliser à l'extérieur cette fédération immense qui n'a jamais encore existé qu'à l'intérieur. Leur empire s'écroulait, mais de ces débris sortaient de nouveaux royaumes. Il y avait dans le monde entier une immense condensation, trop rapide, trop violente, qui était suivie brusquement d'une raréfaction nouvelle. La confédération universelle ne pouvait pas alors persister.

La confédération a donc eu pour facteur, de même que l'unification et la sécession, le mouvement social, c'est-à-dire la guerre, tantôt la guerre étrangère, tantôt la guerre civile ; *la guerre est le mouvement en sociologie,* mais ce mouvement, nous l'avons dit, peut, à d'autres stades de civilisation, se remplacer par le commerce. La paix, au contraire, est un élément de dissociation, comme étant l'absence de mouvement ; la paix sans commerce serait une paix stagnante. Nous ne voulons pas revenir sur ces idées, mais elles nous servent de transition pour passer à la question de savoir si le fait de l'isolation, de la confédération et de l'unitarisme sont volontaires chez l'homme, ou se passent en dehors de lui par une nécessité qui lui est imposée.

D'une manière générale, nous croyons que dans la société, comme dans la nature, tous les facteurs opèrent d'abord d'une manière *mécanique*, il serait trop long de le démontrer, mais les preuves abondent, les causes sont à l'origine purement *efficientes*. Mais elles ne restent pas toujours telles, et après avoir été purement mécaniques, elles deviennent *instinctives*, et enfin *intentionnelles* ; c'est ainsi que la cause *efficiente* se convertit lentement en cause *téléologique*. Ici le *processus* peut être bien vérifié. La cause efficiente de la première condensation, nous croyons l'avoir montré, c'est la guerre, et cette cause n'est point volontaire, car il s'agit d'une guerre défensive. Elle est toute mécanique. S'il n'y avait pas de guerre, les peuples ne songeraient pas à s'unir, même pas par les mariages, car l'exogamie est un résultat de la guerre et non de la paix ; et partout où le sol est assez vaste pour qu'on ne se dispute pas le butin, il n'y a pas de fédération, même embryonnaire. La fédération, d'abord, puis son aboutissement, l'unitarisme, ne sont donc qu'un résultat purement mécanique des guerres entre nations, et la sécession, souvent celui purement mécanique de la guerre civile. Lorsqu'il y eut lutte aux Etats-Unis entre le Nord et le Sud, la sécession n'était pas directement désirée, les esprits ne se tournaient que vers la question de l'abolition de l'esclavage.

Mais si la guerre a été la cause efficiente et mécanique du système fédératif, elle a été puissamment aidée par une cause qui s'est davantage développée depuis, la cause *instinctive*. Pourquoi, dans le danger pressant, telle nation s'est-elle adressée de préférence à telle autre pour conclure l'alliance défensive? Sans doute, souvent parce que cette seconde nation était elle-même menacée, mais celle-ci pouvait s'allier à l'ennemi commun. Pourquoi ne l'a-t-elle pas fait? C'est qu'il existait entre les deux peuples qui se sont alliés définitivement des affinités de races, de goûts, de situation topographique, de même qu'entre deux individus il existe des sympathies ou des antipathies. Cette cause n'est pas tout à fait volontaire, mais elle l'est déjà un peu, de même que l'instinct est une volonté obscure. Cette cause nouvelle se joint à la première, la corrobore, agit dans le même sens, et surtout fait persévérer le résultat. Si la fédération n'est maintenue que par la cause mécanique, elle va se dissocier aussitôt que le danger commun aura disparu, surtout s'il ne doit pas reparaître; mais s'il y a, en outre, affinité entre les deux Etats, entre les deux provinces, l'effet survivra à la cause, et il ne le

pourra qu'en vertu de la *cause nouvelle adjointe ;*
cette cause est *semi-volontaire.*

Mais ces amitiés, ces haines de races, outre qu'elles
sont destinées à disparaître, agissent d'une manière
de moins en moins décisive, à mesure que la raison
a plus d'empire, que les relations commerciales s'ac-
croissent, et elles disparaissent devant l'intérêt bien
ou mal entendu. Dès lors, le facteur, de mécanique
qu'il était d'abord, de conscient qu'il fut ensuite, devient *volontaire* et raisonné : c'est la cause *téléologique* qui se substitue à la cause première et efficiente.
Ce sont les unions douanières, les unions commerciales qui forment les confédérations nouvelles. Nous
en avons un exemple récent, bien frappant, dans la
confédération allemande, née du zollverein. Deux
nations qui commercent ensemble ont besoin de former entre elles une ligue pacifique qui permet aux
nationaux de l'une de s'établir dans l'autre pays.
Ces unions douanières n'ont plus besoin même de
l'affinité de races, il, suffit que l'une produise et que
l'autre consomme le même objet. D'ailleurs, pour
ce commerce il faut la paix.

Telles sont les *trois causes,* l'une *efficiente,* l'autre
mixte, la troisième *téléologique* qui créent ou main-
tiennent l'alliance et la fédération entre les provinces
et les Etats. Il y en a de secondaires, la diminution
des frais généraux, la rareté des produits que les
provinces peuvent fournir, mais nous les négligeons
et ils rentrent pour la plupart dans celles essentielles
que nous venons de décrire.

Quant aux *causes de dissociation* elles sont les mêmes, mais elles agissent dans un sens inverse. Comme nous l'avons dit, la guerre civile est une cause de sécession, par conséquent, de retour à l'idée d'isolation ; il en est de même de l'opposition de race et de caractère qui conduit au même résultat ; enfin la rupture des relations commerciales entre les membres de la confédération les éloigne et les isole de nouveau.

Telle est l'application à la *matière sociale* des phénomènes de *raréfaction* et de *condensation* qui constituent l'essentiel du système fédératif.

Mais lorsque les Etats s'unissent d'une manière étroite, non tellement qu'ils n'en fassent qu'un seul, mais assez pour posséder des institutions communes, il n'y a pas toujours entre eux simple condensation. Pourtant on s'efforce souvent de s'en tenir à ce stade. C'est ce qui a lieu dans les pays où, comme dans les Républiques Anglo-Américaines et quelques unes Hispano-Américaines, on établit un territoire fédéral d'une petite étendue qui ne possède qu'une vie fédérale et non une vie autonome. Mais très souvent aussi la ville qui forme la capitale de la fédération est en même temps celle d'un des Etats ; c'est ce qui a lieu en Suisse pour Berne. Même alors il n'y a pas de prééminence. Mais il en est souvent autrement et l'un des Etats de la Confédération est hégémonique ; c'est ce qu'on peut observer pour la Prusse vis-à-vis de l'Allemagne, autrefois pour la Macédoine, et d'abord alternativement pour Sparte et Athènes vis-à-vis de la Grèce. Cette hégémonie est même aussi le germe du gouvernement unitaire. Autrefois en France l'hégémonie de l'Ile-de-France a fini par conduire à ce résultat. Dès lors, il n'y a plus *simple coordination*, il y a *subordination* et *hiérarchisation*.

Cette hiérarchisation en matière sociale entre les différents Etats confédérés est encore la reproduction de ce qui se passe dans le monde naturel et dans la matière cosmique, même dans les règnes organiques. En astronomie, les astres n'accomplissent pas toujours leur mouvement indépendant dans l'espace. Non seulement il existe un groupe planétaire, mais dans ce groupe l'une des planètes se place sous la dépendance d'un autre, comme satellite, outre que toutes se mettent en dépendance et gravitent autour de leur soleil. D'où vient cette subordination ? Des lois de la gravitation qui attire la plus petite masse vers la plus grande et qui, se combinant avec le mouvement différent de la force vive, fait tourner un astre autour de l'autre. Dans le monde moral et social, la plus grande masse ne consiste pas seulement dans le plus grand nombre de membres, mais aussi dans la civilisation et surtout dans la volonté ; celui qui veut plus fortement dominera toujours celui dont la volonté est plus faible, chez les nations comme chez les individus. La *volonté* est la *force interne*. Il ne s'agit plus ici du mouvement en lui-même, mais de la *direction* du *mouvement*. Cette direction est donnée par l'un des Etats confédérés.

Le monde organique présente aussi des points de

comparaison. Chez les animaux inférieurs, chez les végétaux, les membres sont égaux en dignité et valeur, ils remplissent seulement des fonctions différentes, et souvent l'organe de la fonction est partout diffus. Il faut un degré plus élevé, par exemple, pour que les nerfs se réunissent en ganglions, un de plus, pour qu'ils se centralisent en une colonne et dans les vertèbres, un de plus, pour qu'apparaisse le cerveau. Il en est de même de la Confédération : c'est lentement que les membres se subordonnent et se hiérarchisent.

Ici encore apparaissent les trois causes successives de formation, celle mécanique, celle instinctive, celle volontaire. Nous ne saurions insister sur ce point théorique, mais nous devons l'indiquer. La cause mécanique, c'est la résistance plus facile à l'ennemi ; c'est la même qui amena le commandement en chef, puis la royauté, dans les sociétés primitives ; la confédération se défend mieux quand l'un des Etats est directeur ; sans la Macédoine, la Grèce n'aurait pas conquis l'Orient. La cause instinctive lui succède ; c'est le caractère de volonté plus forte de l'un des Etats qui perpétue son hégémonie. Enfin surgit la cause volontaire. Il faut un organe de relation avec l'Etranger ; cet organe pourrait être indépendant de tous les Etats, mais il a plus de force s'il réside dans l'un d'eux ; cette unité réelle, et non plus seulement abstraite, entre mieux en relation avec le dehors, de même que vis-à-vis de l'étranger un monarque personnifie mieux qu'un président.

Ainsi, d'abord le mouvement dans son *intensité* produit la *condensation* et la *raréfaction*, d'où les *degrés* du fédéralisme, puis le mouvement dans sa *direction* produit la *subordination* et la *hiérarchisation* qui se révèle dans l'*hégémonie* de l'un des Etats. Mais ce n'est pas tout. Les divers Etats confédérés se *polarisent* ou, si l'on préfère, se *différencient* les uns des autres, en prenant chacun des emplois spéciaux.

Lorsque les Etats étaient entièrement indépendants les uns des autres, surtout à la période où les voies de communication n'existaient pas, chacun devait produire pour sa consommation tous les objets nécessaires. Sans doute, l'importation et l'exportation existaient, mais, outre qu'en fait ils étaient gênés par de nombreuses barrières, une guerre (et elles étaient fréquentes) pouvait tarir les ressources de l'importation. Chaque Etat isolé devait se suffire à lui-même ; il lui fallait donc pour subsister, à moins d'impossibilité absolue de climat, tout produire ou se passer des productions étrangères. Par conséquent, l'un devait être aussi peu différencié de l'autre que possible. Il en était de même dans la sphère intellectuelle. Chacun devait avoir sa capitale, et dans celle-ci, son Université complète, donnant une instruction intégrale pour l'époque, son évêque, et son centre judiciaire, son armée distincte. Lorsqu'au contraire, de l'isolation les Etats passèrent à la Confédération plus ou moins étroite, on put éviter cet inconvénient. Les barrières douanières purent s'abaisser, et chacun pouvant tirer des autres Etats leurs produits, put se contenter de produire ce à quoi le sol ou son aptitude se prêtait le mieux ; telle province devint exclusivement vinicole, telle autre séricicole, et telle autre ne s'employa qu'à l'élevage. La richesse totale se trouva augmentée par cette différenciation provinciale. En même temps, la richesse morale se trouva aussi accrue.

Nous rencontrons encore dans le monde physique le même processus. La différenciation des parties d'un même objet, augmente la perfection des fonctions de chacune. Les animaux inférieurs respirent seulement par toute la surface de la peau, les supérieurs ont un organe respiratoire de plus en plus distinct qui ne s'immisce pas dans les autres fonctions. Il y a différenciation parfaite. Dans les phénomènes de la physique, il en est de même par la polarisation ; chacune des forces prend d'elle-même une direction déterminée.

Le mouvement intense de différenciation ou de polarisation passe aussi, quant à ses causes, par trois stades, le stade mécanique, le stade instinctif et le stade volontaire ; il parcourt les impulsions des causes efficientes, pour, en passant par les causes mixtes, arriver aux causes téléologiques ou finales. Tout d'abord, c'est l'impossibilité de se procurer chez soi tous les produits ou le fait de ne les avoir que très imparfaits qui pousse à se spécialiser dans telle ou telle production, quelles qu'en soient les conséquences. De cette différenciation mécanique, naît une indigence de plus en plus grande des produits étrangers que la civilisation grandissante fait de plus en plus sentir. A partir de ce moment, la différenciation devient un besoin instinctif favorisé par la confédération naissante ; la certitude de trouver dans l'autre État les ressources qui manquent permet de se spécialiser davantage. Il en est de même dans l'ordre militaire ; telle province maritime ne pourra donner que des marins, ce qui sera meilleur pour l'ensemble du pays. Enfin vient le stade volontaire. Cette spécialisation est une source de profits quand l'exportation est libre. Dès lors, l'État confédéré devient de plus en plus distinct commercialement, il le devient aussi moralement, mais cette fois avec intention marquée.

Ces trois phénomènes : *concentration* résultant de *condensation, hiérarchisation, différenciation* agissent et réagissent l'un sur l'autre incessamment. C'est ainsi que la hiérarchisation hâte la condensation et fait passer au gouvernement unitaire.

Ce n'est pas seulement d'État à État, comme nous le verrons tout à l'heure, que ces divers phénomènes se produisent, mais aussi entre les unités inférieures, par exemple, entre les diverses communes, et aussi, même dans une seule commune, on peut en retrouver les traces parmi ses divers éléments, par exemple, entre la campagne et la ville. La ville, en effet, par rapport à la campagne est un énorme moyen de condensation ; des moyens plus faibles existent dans les villages, de plus faibles dans les hameaux ; au contraire, en pleine campagne la population est à l'état de raréfaction ; lorsque la civilisation augmente, le point de condensation augmente aussi ; les habitants des parties raréfiées se rendent incessamment vers la partie condensée. Puis, la hiérarchisation s'établit ; la partie condensée, le chef-lieu, devient la tête du reste qui lui est subordonné ; pour le campagnard, son bourg est une capitale. D'autre part, si la commune est importante, ses diverses parties se différencient ; de même, surtout dans le bourg, il y a le quartier de telle industrie, celui de telle autre, et la campagne a la spécialité agricole ou viticole ; que si le bourg devient une ville, il y a le quartier industriel, le quartier commerçant, le quartier bourgeois, et à défaut de ces quartiers, c'est chaque maison même qui se divise et dont chaque partie se polarise, le rez-de-chaussée se cantonnant au commerce, le quatrième étage à la population ouvrière, les autres aux fonctionnaires et aux bourgeois. Ainsi tout ce qui se produit entre Etats se reproduit entre les molécules sociales qui forment la commune.

On le retrouverait aussi dans les groupes supérieurs aux Etats, par exemple, dans les alliances volontaires ou forcées entre plusieurs nations différentes. C'est ce que nous observerons dans la partie expérimentale de ce travail, en décrivant les essais de grande confédération et de républiques ou de monarchie universelle qui ont apparu au cours de l'histoire.

Tel est le sens exact et la relation aux idées générales, de celle de confédération ; tel en est le processus logique dans l'évolution et la théorie. Avant de quitter cette sphère et d'examiner d'une manière concrète comment les divers pays ont réalisé et réalisent encore les trois systèmes de l'isolation, de la fédération et de l'unitarisme, il nous reste à rechercher : 1° quels ont été les moyens ordinairement employés pour parvenir au fédéralisme et à l'unitarisme; 2° quelles sont les diverses unités territoriales où ils se sont produits ; 3° quels sont les degrés de fédération, et quels critères successifs l'ont distinguée de l'unitarisme.

Les moyens immédiats qui ont fondé une fédération de provinces ou d'Etats sont de deux sortes : le consentement ou la force réalisée par la conquête. Le premier domine dans les républiques, le second dans les monarchies. Il va de soi que la fédération basée sur la volonté libre est plus durable, tandis que l'autre tend toujours à la sécession. C'est ainsi que les diverses provinces de l'Empire grec, de l'Empire romain, tendaient réellement à cette sécession, que la vaste confédération ébauchée par Napoléon n'a même pas vécu autant que lui. Outre ces deux moyens, il en existe un autre qui a souvent réussi dans l'histoire, lorsque les dynasties et leurs intérêts primaient le pays, c'est la réunion par le mariage des souverains. Le *felix Austria nube*, en est resté la devise typique. Ces fédérations ne sont pas contraires à la volonté, elles sont souvent durables, mais finissent par se dissocier. La fédération tout à fait volontaire a seule chance de se maintenir. Mais elle se rétrécit de plus en plus et aboutit souvent à l'unitarisme ; c'est cette tendance qui se développe en Allemagne et en Suisse. Au contraire, les républiques américaines semblent demeurer au point fédératif exact.

De même que le gouvernement fédératif, celui unitaire peut aussi être le résultat de la volonté libre ou de la force. Pour une partie des provinces, l'Empire romain réalisa l'unitarisme forcé. Il en est de même actuellement de l'Empire russe et de l'Angleterre vis-à-vis de l'Irlande. L'unitarisme volontaire ne résulte jamais que d'une volonté actuelle. Cependant on peut citer l'union entre deux Etats scandinaves, et celle entre les provinces de Hollande.

Ces deux éléments : la force par la conquête, la volonté par des traités, enfin le moyen mixte des mariages, existent, comme générateurs de fédérations, aussi bien entre les Etats qu'entre les provinces et entre les communes, et si nous prenons les multiples des Etats, entre les divers pays distincts de race, de langue et de mœurs. Tous les grands Empires ou leurs essais sont une confédération forcée. Les rois assyriens la tentèrent d'abord, puis les rois Perses, plus tard Alexandre ; l'Empire romain établit tantôt la confédération forcée, tantôt l'unitarisme forcé. Souvent il y a mélange des deux, on s'annexe purement et simplement certaines provinces, tandis que les autres deviennent des alliées par contrainte. Charlemagne employa la force pour ce double but de la fédération et de l'unitarisme. Charles-Quint réunit les pays les plus divers par le lien de l'union personnelle. Napoléon employa la force pour grandir son royaume unitaire et pour établir un Empire de pays confédérés.

Le territoire du monde géographique et les races ethniques, d'une manière d'ailleurs correspondante, se divisent en unités plus grandes ou plus petites que l'unité normale qui est l'Etat ou la Nation. Au-dessous de l'Etat, existe la province, au-dessous de la province, le département ou le district ; au-dessous, la commune ; au contraire, au-delà de l'Etat apparaît un cercle qui comprend les Etats alliés ou présentant de profondes affinités de civilisation et de race ; au delà, un autre cercle renferme toutes les nations de civilisation dite occidentale ou européenne ; enfin, le cercle dernier embrasse tout le genre humain.

Il suffit de prendre pour sujet d'étude une seule de ces unités, car ce qui s'applique à l'une s'appliquera généralement à l'autre ; la commune est une province en raccourci ; la province est la réduction de l'Etat. Cependant les unités inférieures ont quelques particularités qu'elles transportent dans leur gouvernement ; nous leur consacrerons dans l'examen concret une division spéciale.

La coexistence de ces diverses unités établit, en cas de fédération surtout, un lien nécessaire entre elles. Si l'on confédère telles communes en une province, telles provinces en un Etat, il devra y avoir près de chaque province une représentation de l'Etat et près de l'Etat un représentant de chaque province ; en outre, la province, théoriquement du moins, devrait être représentée près de chaque commune et chaque commune près de la province. Ce n'est pas tout : en théorie, la commune devrait être représentée près de l'Etat directement, et l'Etat près de la commune, pour que le réseau fut complet ; cependant on peut se demander si cela est bien nécessaire. Pourquoi la commune s'adresserait-elle directement à l'Etat, ou l'Etat à la commune, puisqu'il existe une unité intermédiaire ? N'est-ce pas tout embrouiller et détruire la hiérarchie territoriale ? Or, cette hiérarchie existe d'après les principes. Actuellement en France, il n'en est pas de même et la commune ne dépend qu'un peu du département ; elle ressortit principalement à l'Etat ; c'est justement un tort et une erreur. C'est ce qui fait que la décentralisation qu'on prône n'existe pas. Il n'y a point de hiérarchie fédérale.

Dans les Etats où l'unité supérieure n'a pas un représentant auprès des diverses unités inférieures, et où celles-ci n'en ont pas un vis-à-vis de la supérieure, il peut y avoir une apparence de fédération ou de décentralisation, mais ce n'est qu'une apparence.

. Lorsque la hiérarchisation est tellement forte que cette double représentation n'existe plus, et que l'unité inférieure ne peut faire aucun acte sans l'approbation de l'unité supérieure, le gouvernement devient unitaire.

Ceci nous conduit à rechercher le véritable *critère* qui distingue le gouvernement unitaire du gouvernement fédératif. Ces critères ont varié suivant les diverses époques de l'évolution, c'est ce qui fait que la fédération est un mot à vague acception qu'il importe de préciser. En même temps, nous apprendrons quels sont les divers degrés du fédéralisme.

1ᵉʳ *critère*. — Le plus faible degré de fédéralisme est celui qui repose sur l'idée de la défense commune momentanée. Il y a là simple alliance défensive, quelquefois offensive, mais que l'éloignement du danger dissout. Les armées sont réunies quelquefois sous un seul général, le butin est partagé.

2ᵉ *critère*. — L'union devient permanente, mais elle est toujours purement militaire, quelquefois plus tard, aussi douanière. Elle peut être défensive ou simplement offensive. D'ailleurs, l'alliance est volontaire ou forcée. Enfin il y a simple coordination ou subordination, comme nous le verrons tout à l'heure. La Triple Alliance est un exemple de la fédération relâchée, par alliance défensive. Le Zollverein était un exemple de l'union douanière. Le blocus continental était sous Napoléon Iᵉʳ un spécimen à la fois de l'alliance militaire et de l'alliance douanière.

3ᵉ *critère*. — Il y a alliance défensive et même offensive permanente, presque toujours cette alliance a pour origine la contrainte. Une des nations est subordonnée à l'autre ; c'est ce que l'on a appelé la mi-souveraineté. Quelquefois cette situation est le

résultat d'une demi sécession. Chaque nation conserve chez elle son indépendance absolue ; mais celle
subordonnée doit à l'occasion un contingent en
troupes, et en tout cas, un tribut en argent. Dans l'an-
tiquité, les nations tributaires ont été nombreuses ;
elles n'existent aujourd'hui que dans la colonisation.
Mais la dépendance sans tribut a lieu en Europe
dans la mi-souveraineté.

4ᵉ *critère*. — Les deux principaux buts de la fédération sont d'empêcher la guerre entre les Etats, en
même temps que de se défendre en commun dans les
guerres suscitées par d'autres puissances. Le second
forme les alliances offensives et défensives dont il
vient d'être question ; le premier a pour résultat la
fondation de l'arbitrage international, d'abord occa-
sionnel, puis permanent. Les deux nations s'unissent
en ce sens qu'il n'existera plus entre elles de guerre
possible, du moins, en principe, car leur armement
rend l'exécution de la convention douteuse ; leurs
frontières réciproques ne sont plus surveillées. Cette
situation amène presque toujours l'abaissement des
frontières douanières ou les traités de commerce.

5ᵉ *critère*. — L'union se resserre, et le critère entre
le gouvernement isolé et le gouvernement fédératif
devient celui-ci. Les armées sont confondues, une
seule qui est commune veille au salut et à la défense
des deux pays ; il n'y a plus de forteresses extérieures,
qui seraient devenues intérieures. Au point de vue
militaire, il n'existe plus qu'un seul pays. Cette situation tend à s'établir au commercial. Il n'y a plus de

douanes intérieures. Dans l'ancienne France on n'était pas encore parvenu à ce résultat. A ce stade, le critère est l'unité ou la multiplicité d'armées.

6e *critère*. — Entre les divers Etats ou provinces unis militairement, il se forme un organe central, consistant soit dans l'un des Etats devenu hégémonique, soit dans un territoire fédéral qui sert de tête à la Confédération. Mais cet organe central ne s'occupe que de la défense commune du pays, du jugement des conflits qui s'élèvent entre les divers Etats et de l'exécution forcée de sa décision. Chaque Etat ne peut plus traiter avec l'étranger.

7e *critère*. — L'organe fédéral prend de la consistance, il se distingue nettement des éléments autonomes. Non seulement il gouverne à distance, pour ce qui concerne la défense commune ; mais il a pris dans chaque Etat des représentants ; de même, chaque Etat a des représentants près du gouvernement fédéral, pour qu'il s'établisse une communication incessante.

8e *critère*. — Les organes du pouvoir fédéral sont d'abord nommés par les provinces, cantons et Etats en leur qualité, c'est-à-dire que chaque canton, quel que soit le nombre de ses habitants, nomme le même nombre de représentants fédéraux, en général, non par un suffrage direct, mais par le choix émané des pouvoirs représentatifs du canton. Plus tard, l'unité est plus grande. Les organes fédéraux sont bien nommés par les cantons et les provinces, mais en raison de leur population ; plus tard encore, ce sont tous les citoyens réunis en un seul collège qui, sans distinction entre cantons, élisent les fonctionnaires fédéraux.

9ᵉ *critère.* — L'union n'est plus seulement militaire ou commerciale, ou les deux ensemble. Il ne s'agit plus seulement de régler les conflits entre les cantons. On doit aussi, dans la sphère fédérale, s'occuper des autres intérêts communs. Il faut entendre ces mots d'intérêt commun dans le sens matériel d'abord, c'est-à-dire pour ce qui traverse tous les Etats à la fois, par exemple, les voies de communication : chemins de fer, fleuves, postes, télégraphes. Pour les chemins, on distingue ceux dont l'étendue ne dépasse pas le canton, qui sont régis par la législation cantonale ; il s'établit, au contraire, une législation et une administration fédérale pour les autres. Ce critère est d'ailleurs nécessairement très élastique. Quels sont ces derniers ? Les diverses nations ont répondu différemment. A titre de mesure de police générale, le gouvernement fédéral a souvent empiété et forcé le critère. C'est le point d'appui dont le fédéralisme se sert pour entamer l'autonomie cantonale et se diriger vers l'unitarisme.

10ᵉ *critère.* — Pour qu'il y ait une certaine uniforformité dans les diverses provinces, n'empêchant point l'action des décisions prises dans l'intérêt général, sans qu'on envahisse cependant les législations particulières, le gouvernement fédéral établit un certain nombre de principes que tous doivent observer. Le premier est la *forme du gouvernement.* C'est ainsi que la Constitution fédérale suisse rend obligatoire pour tous les cantons le régime républicain ; il est vrai qu'il ne va pas au delà, et que certains d'entre eux pratiquent le gouvernement représentatif, tandis que d'autres, le gouvernement direct. En effet, il est difficile qu'il y ait une entente permanente, et un gouvernement fédéral commun, entre une monarchie et une république ; une alliance est possible, alors le lien est beaucoup moins étroit. Mais la fédération d'ordinaire proclame d'autres principes forcés. C'est ainsi qu'en Suisse, en matière pénale seulement, la fédération a posé pour tous les cantons ceux suivants : 1o interdiction de la peine de mort en matière politique ; en outre, celle de la mort en matière ordinaire a régné de 1848 à 1879. 2o Interdiction de peines corporelles depuis la Constitution de 1874. 3o Interdiction de peines pour cause d'opinions religieuses. 4o Interdiction du droit de renvoyer un citoyen suisse du territoire d'un canton. 5o Abolition de la contrainte par corps, sauf maintien de la prison subsidiaire. 6o Liberté de la presse. 7o Liberté d'association. 8o Egalité devant la loi. Ce sont seulement des points de repère. Par ailleurs, les provinces ou cantons conservent dans leur plénitude le pouvoir législatif, sauf, bien entendu, ce qui concerne, comme nous l'avons dit, les chemins de fer, etc. Elles ont aussi la nomination de leurs fonctionnaires.

C'est avec ce critère que le gouvernement est le plus vraiment fédératif. La fédération concentre la défense du pays, empêche tout conflit entre les cantons, les représente seule vis-à-vis de l'étranger, abat entre eux les barrières douanières, établit toutes les voies de communication intercantonales, empêche la coexistence de régimes politiques incompatibles, pose les principes de droit public, mais ne va pas au-delà. Pour tout le reste, les cantons restent autonomes. Ils conservent leur religion, leur langue, leur législation, leur organisation judiciaire, leur administration propre, la nomination de leurs fonctionnaires ; chacun est chez soi dans son canton.

11e *critère*. — A partir de ce critère, le gouvernement fédératif tend à se rapprocher du gouvernement unitaire. C'est le stade qu'on peut constater en Allemagne en ce moment. Le point envahi par le fédéralisme est la législation. Il y a un intérêt certain en pratique à ce que celle-ci ne diffère pas de province à province, surtout lorsqu'il s'agit du droit commun, des lois générales qui forment ordinairement les Codes : Codes civil, commercial, pénal, de procédure. D'autre part, si chaque pays a besoin de lois spéciales différentes suivant le besoin de l'habitant et du moment, il n'en est pas de même des lois permanentes basées plutôt sur l'équité et la logique que sur l'usage. Aussi la constitution allemande a-t-elle déclaré fédérales toutes ces matières, et elle a clos son œuvre en votant un Code civil applicable à tout l'Empire. L'organisation judiciaire est devenue identique aussi. A partir de ce moment, il s'établit une division au sein de la législation. Chaque Etat n'a plus que ce qu'on peut appeler celle politique et celle

-administrative ; la première contient le droit électoral, etc. C'est encore un domaine très large ; en outre,
même pour les Codes, la loi fédérale renvoie souvent,
quant aux détails, à la loi provinciale, c'est ce qu'on
peut observer en lisant la loi d'introduction du nouveau Code civil allemand. Ce critère est assez juste,
chaque province pouvant avoir besoin de lois particulières, mais il en résulte des conflits nombreux de
compétence législative.

12e *critère*. — Le domaine législatif devient entièrement fédéral ; la province perd le droit de faire des
lois, cependant il en reste toujours des vestiges ; c'est
ainsi qu'en France, le préfet et le maire ont la faculté
de prendre des arrêtés qui forment de la vraie législation administrative. Mais, sauf ce résidu, la loi est
uniforme dans toute la confédération. Alors le critère se déplace encore une fois. Celui entre le gouvernement fédératif et le gouvernement unitaire ne
consiste plus que dans l'administration libre de la
province, par un personnel provincial et des institutions provinciales ne se reliant point à ceux des
autres provinces. Le critère est alors dans la distinction entre le législatif et l'administratif ; dans
ce dernier il faut comprendre l'administration de la
justice.

13e *critère*. — La fonction administrative qui avait
été retenue par la province reste entre ses mains,
mais elle est subordonnée à l'approbation du pouvoir central, c'est ce qu'on appelle la tutelle admi-
ministrative. La province a toujours ses représentants

distincts, et même la commune, les siens ; mais leur décision n'est que provisoire.

14ᵉ *critère*. — Le *personnel* est à son tour attaqué en même temps que le *matériel*. Dans l'idée vraie de la confédération, un lien doit être établi entre le pouvoir fédéral et le pouvoir autonome par l'organisation d'une représentation de la province auprès de l'État ; elle se réalise par le Sénat des Etats-Unis, le Conseil fédéral allemand, le Conseil des Etats Suisse. D'autre part, le gouvernement central doit être représenté auprès de la province et de la commune. Mais quand l'unitarisme envahit, la première de ces représentations disparaît. La seconde est plus persistante : le préfet auprès du département, le maire nommé par l'Etat auprès de la commune ; mais alors c'est la province qui n'est plus représentée chez elle, ou qui l'est par une personne qu'elle ne choisit pas. Le département et l'Etat le sont à la fois par le préfet ; de même la commune et l'Etat à la fois par le maire, ce qui est une *monstruosité sociologique*, on ne peut représenter à la fois deux collectivités aux intérêts souvent contraires ; c'est comme si le même avocat plaidait pour les deux adversaires. Cette confusion est un signe de la transition à l'unitarisme.

15ᵉ *critère*. — La province n'a plus conservé que la nomination de ses fonctionnaires, d'abord de ceux la représentant dans sa vie générale et politique (conseils généraux, conseils municipaux) puis de ses juges, enfin de ses fonctionnaires administratifs. Elle perd maintenant le choix de ces deux derniers. Les magistrats, les fonctionnaires sont nommés par le pouvoir central seul. Il est vrai que pour plusieurs d'entre eux on suit souvent l'avis de chefs judiciaires de la province, par exemple, pour les magistrats ; mais ces chefs sont eux-mêmes nommés par le pouvoir central et se rattachent à sa politique ; il y a donc dans cette circonstance tout au plus de la déconcentration. Quant aux fonctionnaires administratifs, le pouvoir central les envoie d'un bout de la France à l'autre et les a entièrement sous sa main.

16e *critère*. — Les conseils nommés dans la province et la commune disparaissent à leur tour ; ils sont remplacés par des commissions administratives, ou au moins, leurs chefs, le maire, par exemple, sont choisis en dehors du Conseil. L'autonomie a entièrement disparu ; l'unitarisme a définitivement remplacé le fédéralisme.

17e *critère*. — Parvenu à cet unitarisme absolu, on en redescend, mais très lentement. Le premier degré sur l'*autre versant* est la *déconcentration*. C'est toujours le gouvernement central qui gouverne seul, mais au lieu d'administrer de loin, il s'efforce d'administrer de près. On confère au préfet une partie des pouvoirs qui n'appartenaient qu'au ministre.

18e *critère*. — On retourne davantage vers le fédéralisme, ou du moins, on veut desserrer l'unitarisme trop absolu. On ressuscite les pouvoirs, les conseils locaux. La tutelle administrative ne s'applique plus qu'aux actes les plus importants ; les autres sont décidés souverainement, dans la sphère administrative, par le département et la commune. C est ce qu'on préconise aujourd'hui, comme terme final, sous le nom de *décentralisation.*

19e *critère.* — Le personnel ne dépend plus de la nomination du pouvoir central, non plus que ce personnel idéal qu'on nomme les divers établissements. Chacun reprend sa vie provinciale et communale. La province nomme aux emplois sur son territoire. Les institutions universitaires, charitables, ne relèvent plus du pouvoir central.

20e *critère.* — La législation redevient en partie provinciale ou communale, et il ne s'agit plus seulement de celle administrative proprement dite, mais de la grande législation, de celle du domaine civil, commercial, pénal. Mais ce retour à un Etat antérieur ne rompt pas l'unité législative. Voici comment Comme nous l'avons décrit dans une monographie, chaque province a le droit de faire des expériences législatives. Si elle réussit et si l'innovation est admise ensuite par les autres provinces, elle devient générale, sans quoi elle est abandonnée. Chaque province n'aura plus le pouvoir législatif définitif, mais elle en aura un temporaire.

Mais nous nous arrêtons, car nous nous apercevons que nous ne décrivons plus le passé, ni le présent, mais l'avenir, ce qui n'est pas notre tâche pour le moment.

Tels sont les divers critères qui existent du gouvernement fédératif. On voit combien ils sont variés. Lequel est le vrai ?

Si l'on se pose au point de vue *historique,* ils sont *tous vrais successivement.* A l'époque où on les a admis, il n'y en avait pas d'autre possible.

Au point de vue utilitaire et en ce qui concerne l'avenir, c'est dans la dernière partie de ce travail que nous examinerons lequel devrait être définitivement retenu.

Mais, au point de vue logique, à celui qui prend le principe fédératif en lui-même et dans sa théorie, il nous semble certain que l'autonomie des provinces est entamée, et qu'on incline vers le gouvernement unitaire, dès que le pouvoir de légiférer en toute matière autre que les rapports avec l'Etranger et ceux entre les différents cantons est transporté, même partiellement, aux organes fédéraux. C'est là le point de *virement.* Le législatif est le plus important ; dès qu'il est transporté, on passe d'un régime à l'autre. A ce point de vue, les Etats-Unis et la Suisse dans l'état actuel conservent la *note fédérale juste.* Les provinces ne doivent mettre en commun que ce qu'elles ont de nécessairement commun. Sans doute, il est désirable, au point de vue pratique, que toutes les provinces aient la même législation, mais il faut que l'unification soit l'œuvre libre de chacune d'elles, comme elle pourrait être celle de nations indépendantes ; autrement, il y a confiscation d'autonomie.

Voilà le véritable *criterium,* quant aux choses.

Quant aux personnes, c'est la nomination des fonctionnaires et des corps, soit par la province, soit par la fédération.

Tels sont les deux critères, l'un *réel,* l'autre *personnel,* les plus *logiques.*

Et maintenant que nous avons posé les principes, nous allons passer à l'étude des faits juridiques de *l'institution concrète* de ces divers régimes dans les pays civilisés. Nous en tirerons des inductions qui nous permettront ensuite de rechercher pour l'avenir lequel de ces gouvernements devrait être adopté dans l'intérêt général.

DEUXIÈME PARTIE

PARTIE EXPÉRIMENTALE

(Histoire et Géographie du Droit)

Pour procéder d'une manière expérimentale, après avoir établi la théorie logique des diverses formes d'Etat, au point de vue de l'isolement, de la fédération et de l'unitarisme ; nous devons consulter nos maîtres, l'histoire et la géographie, qui, après la raison et la logique, apportent leur contingent nécessaire ; enfin éclairé de tous côtés par ces lumières, dans une dernière partie, nous tenterons d'ajouter celle de la pratique et du bon sens pour prévoir et chercher pour l'avenir la forme préférable.

Nous savons que les unités de plus en plus larges sont : 1º la commune ; 2º la province ; 3º l'Etat, et qu'au-delà il existe encore les cercles concentriques plus éloignés, résultant d'alliances, de confédérations extra-nationales, et s'étendant de plus en plus, visant à englober un groupe entier de même civilisation.

Nous ne nous occuperons pas en détail de la commune, au point de vue de la géographie du droit, pour ne pas scinder la vue d'ensemble; après avoir examiné pour chaque pays l'autonomie provinciale, nous ajouterons ce qui concerne l'autonomie communale; il en sera de même, au point de vue de l'histoire du droit ; on possède peu de renseignements sur les alliances de communes volontaires ou forcées, leur fédération, leur autonomie exacte vis-à-vis de la province, il y a là une substruction longtemps ignorée, qu'on fouille de nos jours, mais dont les constatations ne sont pas encore très ordonnées. Notre exposé portera surtout sur la province, sur l'Etat ou plus exactement la nation, et sur les unions de nations.

Dans chacune de ces sphères nous distinguerons : 1º l'état d'isolation avec une tendance plus ou moins grande vers la fédération ; 2º l'état de fédération plus ou moins resserrée; 3º celui de centralisation, ou d'unitarisme et d'absorption par l'unité plus compréhensive et plus élevée.

Les fédérations plus ou moins étroites s'accomplissent, comme nous l'avons vu, par des modes différents. Il y a d'abord les modes indirects ; ils consistent dans l'union personnelle, lorsqu'il s'agit d'une monarchie et que la même dynastie en vertu des lois monarchiques gouverne à la fois deux pays ; ce lien personnel se convertit quelquefois en lien réel. Les modes directs se distinguent en mode volontaire et en mode forcé ; ce dernier, soit qu'il s'agisse de fédération, soit qu'il s'agisse d'unitarisme, s'accomplit par la conquête. Enfin, il existe un dernier mode semi-volontaire, celui de fédération par hégémonie d'une des provinces ou d'une des nations.

D'autre part, les fédérations peuvent être sans hiérarchie d'une province sur l'autre, ayant leur tête commune distincte de chacune d'elles, c'est ce qui a lieu lorsqu'il existe un territoire fédéral distinct, ou bien avec hiérarchie par hégémonie persistante d'une des provinces. Cette distinction n'est pas spéciale à la province, elle s'applique aussi à la commune et au-dessus aux diverses nations.

Lorsque la Société est parvenue au plus haut degré de condensation, le lien trop serré se relâche ; on redescend de l'unification absolue à la déconcentration, puis à la décentralisation, quelque fois jusqu'à l'autonomie.

L'ordre, du reste, n'est pas toujours le même, de même qu'en géologie il y a divers terrains qui tour à tour affleurent. Ici, comme en Russie, l'autonomie communale a subsisté, tandis que l'autonomie provinciale était étouffée. Là, comme dans les pays orientaux, la condensation a été presque immédiate.

1° COMMUNE

Il est assez difficile, à certaines époques de l'histoire, de distinguer la commune de la province, et la province elle-même, de l'Etat ou de la nation. Nous avons posé un point fixe qui distingue la nation de la simple province, nommée souvent aussi Etat ; la nation comprend normalement tous les individus de même race, parlant la même langue et contenus dans des bornes géographiques réellement séparatives ; néanmoins, tous ces critères ne sont pas toujours suivis ; le plus sûr, non théoriquement, mais pratiquement, c'est le langage. On peut le considérer comme la caractéristique de chaque nation ; les divisions inférieures ne sont que des provinces, tout au plus. C'est ainsi que la Grèce n'eut longtemps aucun lien politique et que cependant elle formait une même nation, grâce au langage et à la civilisation commune. Le critère entre la province et la commune est plus difficile à établir. L'ancienne *civitas*, par exemple, paraît flotter entre les deux ; cependant, c'est, en réalité, une province ; il n'y a commune que lorsqu'il existe une agglomération unique.

Les communes ou paroisses apparaissent très distinctement au moyen-âge ; elles ont pour chef-lieu, non seulement les villes, mais à la campagne, tout ce qui est groupé autour de l'église ou du château. D'ailleurs, la *commune politique* a ses racines dans la *commune économique* distincte, dans les communautés de village.

Les communes vivent d'abord vis-à-vis les unes des autres dans l'état d'isolement ; il y eut des guerres incessantes entre elles ; les villes libres sont tout-à-fait autonomes, les autres communes commencent par la dépendance et le lien hiérarchique indirect de la féodalité. C'est par celle-ci que peu à peu l'isolement cesse, que l'état d'anarchisme entre communes disparaît pour faire place peu à peu à un fédéralisme forcé au profit de la province.

Dans certains pays les libertés et l'autonomie communales sont restées plus durables. C'est ce qu'on peut observer en Angleterre, quoique l'union existe et aboutisse à une unité supérieure : le Comté. Le noyau de Londres, la Cité, est régi, comme une nation, par deux Conseils distincts, le *common Council* et la cour des *aldermen*, qui nomment à leur tour le Lord Maire dont l'importance est considérable ; au-dessous se trouvent les *freemen*, électeurs privilégiés. Le *common Council* ne subit en rien le contrôle du Gouvernement ; il nomme tous ses fonctionnaires ; point de tutelle administrative. En dehors de la Cité, se trouve le District Métropolitain qui est administré par trente-huit bureaux de districts électifs, chaque district comprend une ou plusieurs paroisses.

Au-dessous, les bourgs ont aussi une autonomie très grande, ce sont de véritables villes, indépendantes du Comté qui les entoure ; vis-à-vis de la province, on peut donc dire qu'elles sont isolées ; il existe sur eux une tutelle administrative, mais très mitigée. A côté, existent d'autres communes à d'autres points de vue, qui croisent la commune ci-dessus, mais qui ne font qu'augmenter les attributions municipales.

En Suède, trois villes : Stockholm, Gotheborg

et Malmoe sont organisées en dehors des provinces, elles sont administrées par un conseil municipal qui élit directement les députés.

Aussi bien en Angleterre qu'en Suède, en certaines matières tous les électeurs constituent l'Assemblée communale et décident la plupart des affaires. Cependant la tutelle administrative existe. Le Gouvernement a un représentant auprès de la commune, mais qui ne représente pas celle-ci en même temps. Une délégation du conseil municipal exerce le pouvoir exécutif. Il en est de même en Norwège et en Danemark.

En Russie, l'autonomie communale est très forte ; on peut dire que dans ce pays la commune est restée l'unité-type. Il y a, comme dans les pays scandinaves, entre le maire et le conseil un comité exécutif élu, ainsi que le maire ; ce conseil peut faire des réglements ayant force obligatoire, il peut établir de nombreux impôts. Ici encore entre le Maire et le Conseil se trouve l'*ouprava*, ou comité exécutif. La tutelle administrative existe, mais c'est dans les communes rurales que l'autonomie est le plus en relief. La commune possède une assemblée délibérante : le *mir* composé de tous les chefs de famille et de tous les fonctionnaires électifs de la commune, et d'un chef, le *starosta* élu par elle, et exerçant le pouvoir exécutif. La commune politique russe se double d'une commune économique et c'est surtout à ce titre que son indépendance est plus grande. Mais la tutelle administrative existe cependant.

Tels sont les pays où l'autonomie communale est restée plus vivante, nous parlerons des autres en même temps que de la province.

La commune, nulle part, n'est d'ailleurs restée au degré d'isolation où elle était au moyen-âge, elle est devenue sous la dépendance soit de la province, soit de la nation, par une fédération, soit volontaire, soit imposée, soit formée insensiblement.

2° PROVINCES, ÉTATS OU DÉPARTEMENTS

Sous ces noms divers, il faut comprendre l'unité intermédiaire entre la commune et l'ensemble de la nation ; une unité de patois y correspond à l'unité de langage de celle-ci ; de même une unité de coutumes, même chez les nations centralisées, à celle de législation ; enfin la race diffère souvent d'une province à l'autre au point de vue anthropologique, tandis qu'au point de vue ethnique la nationalité est la même. Le département n'est qu'une province artificielle. L'Etat est une province plus autonome.

La province peut se trouver et se trouve successivement presque toujours dans la situation d'isolation vis-à-vis des autres provinces, puis dans celle de fédération, enfin dans celle d'unitarisme, ne formant plus avec elles qu'une seule nation non différenciée, puis la différenciation et la raréfaction se produisent de nouveau sous forme de décentralisation.

1º *Province à l'état d'isolation.*

Il n'y a plus aujourd'hui de telles provinces, mais leur existence a été fréquente dans le cours de l'histoire.

On peut citer d'abord la Grèce. Les cités grecques qui n'étaient que des provinces, puisqu'elles appartenaient toutes au même peuple se régissaient tout-à-fait indépendamment les unes des autres. Il n'y eut pendant longtemps aucun lien entre ces cités. L'histoire de Sparte, d'Athènes, de Thèbes se déroulent parallèlement, et les rapports, lorsqu'ils existent, sont des rapports hostiles. La souveraineté aux yeux des Grecs est essentiellement municipale ; pour former une Cité, il suffit d'une enceinte fortifiée. Sur des îlots comme Péparéthos et Amorgos il y a deux ou trois villes indépendantes. Les seuls liens communs sont les amphictyonies, les jeux publics et les oracles. Les amphictyonies sont des associations politiques et religieuses formées par des cités limitrophes pour régler entre elles leurs relations ; il y en avait une pour la Béotie, une à l'isthme de Corinthe pour Athènes, Sicyone, Argos et Mégare, une autre au temple de Junon entre Argos et Mycènes, un temple était le centre de la confédération, et une fête religieuse, l'époque des sessions ; la plus célèbre siégeait, le printemps à Delphes, l'automne aux Thermopyles, douze peuples s'y réunissaient, chacun d'eux avait deux voix ; il y avait là l'assemblée générale de tous les membres présents et le conseil désigné par les Etats pour le représenter. Mais il n'existait pas de gouvernement fédéral, les amphicthyonies ne prirent même pas la direction de la défense au moment des guerres persiques. Ce conseil était plutôt une juridiction fédérale, il formait, au moins, un tribunal de conciliation, il correspondait à ce qu'on appelle aujourd'hui l'arbitrage international, et restreignait les guerres dans certaines limites et en empêchait les cruautés, la sanction était contenue dans une imprécation religieuse. Ce n'était d'ailleurs qu'indirectement par cette voie qu'il exerçait une certaine autorité. Pendant les guerres Médiques l'assemblée de Delphes reste inactive, de même pendant le temps de la prépondérance alternante d'Athènes et de Sparte ; l'hégémonie avait remplacé ce lien. Plus tard et avant la conquête romaine, la ligue Achéenne se forma entre plusieurs cités, mais elle ne constitua pas un lien étroit.

Les cités Grecques restèrent donc dans l'isolement et ne passèrent pas à l'effet fédératif. Il y eut bien des unions momentanées devant les nécessités de la défense commune, en présence des Troyens à l'âge héroïque, des Perses plus tard, mais ce lien se dissolvait, la guerre terminée. D'autre part, il tendit à se former par voie d'hégémonie. Athènes, Sparte, Thèbes successivement essayèrent de dominer toutes les cités grecques, elles eurent leurs alliés particuliers, et ces tentatives de fédération produisirent des guerres sanglantes, mais elles ne réussirent pas.

Un moment les cités grecques passèrent de l'état d'isolement, non à celui de fédération, mais à celui de centralisation et d'unitarisme complet sous le joug de la Macédoine, mais cet état ne fut pas durable.

Les Gaulois avaient aussi des cités indépendantes les unes des autres ; il n'y eut jamais ni de Gaules unitaires, ni de Gaules fédérées ; il ne faut pas compter comme fédérations les unions temporaires pour résister à l'ennemi. Cependant, il y eut des tentatives d'hégémonie et plusieurs centres partiels de fédération se formèrent.

La cité isolée se retrouve encore au moyen-âge dans les Républiques Italiennes. Venise, Florence, Gênes, Sienne, Milan sont indépendantes et sans lien. On cherche à leur en imposer un d'en haut, soit de l'Empire, soit de la Papauté, mais elles courbent la tête pour la relever et ne se fédèrent point volontairement entre elles. Plus tard, après la guerre du premier Empire, les républiques romaine, parthénopéenne et toscane qui se fondèrent alors, un peu plus tard, les républiques cisalpine et ligurienne sont isolées aussi. Il en est de même lors du rétablissement des souverainetés royales ; le Piémont, la Toscane, Lucques, Naples, Rome forment autant d'Etats complétement indépendants, il n'y a pas de lien fédéral, et la papauté ne peut même exercer d'hégémonie. Ce n'est que lors de l'unification, en 1860, que les provinces de l'Italie passèrent subitement de l'isolement à l'unitarisme, sans passer par la confédération.

Les provinces de l'Espagne restèrent longtemps isolées, l'Aragon, la Castille, le Léon avaient des souverains différents ; elles furent réunies un peu plus tard par le lien personnel, par des mariages entre souverains, et parvinrent à l'unitarisme, mais sans passer par le stade moyen, le stade fédératif.

Au contraire, les Etats Allemands furent longtemps fédérés, mais la fédération se brisa dans le courant du présent siècle, fut sur le point de se reformer sur de nouvelles bases en 1848, et s'est reconstituée enfin en 1870. Elle a existé tour à tour sous l'hégémonie de l'Autriche et celle de la Prusse.

Telles étaient les provinces à l'état d'isolement, il n'y en a plus guère aujourd'hui sur la carte de l'Europe, ni même dans le monde. Toutes sont à l'état de fédération ou à celui d'unitarisme.

2o PAYS FÉDÉRATIFS

A. — Fédérations Américaines.

ETATS-UNIS

Les Etats fédérés sont au nombre de 38 ; il n'y en avait primitivement que 13. Il existe, en outre, 9 territoires : Nouveau Mexique, Utah, Washington, Dacotah, Arizona, Idaho, Mantana, Wyoming, et le territoire Indien.

La Constitution date du 17 septembre 1787 ; elle a subi 15 amendements, le plus important est celui (XII) de 1804, relatif au système de votation pour l'élection du Président et celui (XIV) de 1866 relatif à la répartition entre les Etats des Représentants au Congrès.

Chaque Etat est souverain chez lui, il légifère et s'administre d'une manière indépendante, et il ne perd que les droits qui sont nommément conférés à la fédération. Il suffit donc d'étudier celle-ci.

C'est le Congrès des Etats-Unis qui forme avec le Président et ses délégués le Gouvernement fédéral. Le Congrès se compose de deux chambres, le Sénat et la Chambre des Représentants. La Chambre des Représentants représente l'ensemble du pays, comme s'il n'y avait qu'un seul Etat ; chaque Etat forme un collège distinct pour l'élection. mais comme la répartition a lieu entre les Etats au prorata de leur population, les élus représentent bien, autant qu'en France, l'ensemble du pays. Le Sénat, au contraire, est la représentation par Etat, c'est le véritable corps fédéral ; chaque Etat nomme deux Sénateurs, quel que soit le chiffre respectif de sa population, mais le renouvellement est partiel ; ce corps forme, en dehors de ses autres attributions, la Haute Cour de Justice. Chaque Chambre vérifie les pouvoirs de ses membres ; elle se réunit, au moins, une fois par an.

Les deux Chambres ont un pouvoir égal et les mêmes attributions ; seulement la levée d'un impôt nouveau ne peut être proposée que par la Chambre des Représentants. Le Président peut ne pas approuver le bill accepté par les deux Chambres et il le renvoie alors à celle qui l'a proposé ; si les deux tiers de cette Chambre persistent, ainsi que les deux tiers de l'autre, le bill devient loi.

Les attributions fédérales du Congrès sont principalement les suivantes : lever des impôts et pourvoir à la défense commune et à la prospérité générale des Etats-Unis, faire des emprunts, régler le commerce avec les puissances étrangères, entre les différents Etats et avec les tribus Indiennes, établir une règle uniforme pour la naturalisation, légiférer sur les banqueroutes, battre monnaie, fixer l'étalon des poids et mesures, punir les contrefacteurs du papier public et de la monnaie courante, établir les bureaux et les routes de poste, encourager le progrès des sciences et des arts utiles, en garantissant aux auteurs et inventeurs un droit exclusif sur leurs œuvres, constituer des tribunaux inférieurs à la Cour suprême, châtier les actes de piraterie et de félonie commis en pleine mer et les atteintes au droit des gens, déclarer la guerre, accorder des lettres de marque et de représailles, faire des règlements sur les prises, lever et entretenir les armées, créer et entretenir une marine, faire des règlements pour l'organisation des forces de terre et de mer, réprimer les insurrections, repousser les invasions, pourvoir à l'organisation et à la discipline de la milice, en réservant à chaque Etat de nommer les officiers de l'armée, enfin exercer le pouvoir législatif sur le district dit fédéral, c'est-à-dire celui ne dépassant pas dix mille carrés, qui sera le siège du gouvernement, aujourd'hui le district de Colombie, ayant pour capitale Washington.

Telles sont les attributions fédérales, leur énumération est très importante, il y a lieu de les comparer avec celles définies comme telles dans les autres Etats fédéralistes. Les Etats conservent tous autres droits.

La Constitution prend soin de dire expressément qu'ils n'auront pas les suivants : conclure des traités, des alliances ou des confédérations, délivrer des lettres de marque ou de représailles, frapper monnaie, émettre du papier-monnaie, imposer des droits ou taxes sur les importations ou sur les exportations, entretenir des troupes ou des navires de guerre en temps de paix, conclure une convention avec un autre Etat.

Le Président est élu pour 4 ans, ainsi que le Vice-Président. Il est nommé par le suffrage à deux degrés ; chaque Etat choisit, avec le droit électoral qui lui est particulier, un nombre d'électeurs égal à la totalité des Sénateurs et des Représentants que cet Etat envoie au Congrès. Ceux-ci se réunissent dans leurs Etats respectifs et votent pour le Président et le Vice-Président, dont l'un, au moins, ne sera pas habitant du même Etat qu'eux. Les votes sont pris par Etat, la représentation de chaque Etat n'ayant qu'un seul vote ; les deux tiers des Etats forment le quorum nécessaire pour la validité du vote, et il faut la majorité des Etats pour que le choix soit valable. S'il n'y a pas de majorité absolue, la Chambre des Représentants choisit parmi les trois candidats ayant obtenu le plus de voix. Le Président commande l'armée et la marine des Etats-Unis et la milice des divers Etats lorsqu'elle est appelée au service commun ; il conclut les traités avec le consentement du Sénat, si les deux tiers des Sénateurs consentent. Il nomme, avec le même consentement, les ambassadeurs, les consuls, les juges de la Cour suprême et tous les autres fonctionnaires des Etats-Unis, il saisit le Congrès de toutes questions. Il peut être destitué, ainsi que tous les fonctionnaires civils des Etats-Unis, si à la suite d'une mise en accusation (impeachment) il est convaincu de trahison, concussion ou autre crime.

Il y a aussi un pouvoir judiciaire fédéral, à côté de l'administratif et du législatif. Ce pouvoir est conféré à la Cour suprême et aux Cours inférieures que peut créer le Congrès. Il est compétent pour tous les cas, en droit et en équité, qui naissent de la Constitution, des lois fédérales, des traités, pour tous ceux qui concernent les ambassadeurs et les consuls, pour les cas d'amirauté et de juridiction maritime, pour les contestations dans lesquelles les Etats-Unis sont parties, pour les contestations entre deux ou plusieurs Etats, ou entre un Etat et des citoyens d'un autre Etat, ou entre citoyens de divers Etats, ou entre citoyens du même Etat réclamant des terres en vertu de concessions faites par d'autres Etats, enfin entre un Etat ou ses citoyens et des Etats, des citoyens, ou des sujets étrangers. Sauf dans les cas concernant les ambassadeurs et les consuls, et ceux où un Etat est partie, la

Cour suprême a une juridiction d'appel. Quant aux crimes, ils seront jugés par un Jury dans l'Etat même où le crime aura été commis. Mais en cas d'impeachment c'est le Sénat qui devient compétent; il ne peut condamner qu'à la majorité des deux tiers des voix ; dans ces sortes d'affaires il a juridiction sur le Président de la République ; mais il ne peut condamner que politiquement, c'est-à-dire à la destitution d'emploi et à l'incapacité d'exercer aucune fonction honorifique ou salariée ; le délit est soumis ensuite par *indictment* aux juridictions ordinaires.

Telle est l'organisation du lien fédéral aux Etats-Unis, elle renferme les trois pouvoirs : le législatif, le judiciaire et l'administratif, mais seulement en ce qui concerne les matières fédérales qui sont bien délimitées. La législation ordinaire reste aux mains de chaque Etat. Le Président, les Membres du Sénat, sont nommés par chaque Etat et forment bien une délégation fédérale, pour la création de laquelle chaque Etat, quelle que soit son importance, a un vote égal. Seule la Chambre des Représentants est le résultat d'une élection où les limites des Etats disparaissent.

Il faut maintenant, au regard de ce lien de fédération, examiner l'autonomie de chaque Etat particulier. Nous prendrons pour exemple celui de Pensylvanie dans sa constitution du 16 décembre 1873 ; nous allons voir que, sauf les restrictions ci-dessus résultant du lien fédéral, c'est un Etat complètement indépendant des autres. La Constitution s'occupe d'abord de garantir les droits individuels ; c'est ce que font toutes les constitutions ; l'individu est l'atome social dont certaines facultés sont irréductibles : liberté individuelle, liberté religieuse, libre exercice du droit de propriété, du droit de suffrage, droit d'être jugé par ses juges, liberté de la presse, droit à des débats publics, à une décision de justice rendue gratuitement, obligatoirement et immédiatement, droit de réunion, droit d'émigration, etc.

Le pouvoir législatif de l'Etat se compose d'une Assemblée Générale composée d'un Sénat et d'une Chambre des Représentants, la première nommée pour deux ans, et le Sénat pour quatre ans. Les Sénateurs sont âgés de 25 ans et les Représentants, de 21 ans. L'Etat est divisé en 50 districts sénatoriaux, comprenant chacun un chiffre de population, autant que possible, égal ; chaque district élit un Sénateur. Quant aux Membres de la Chambre des Représentants, ils sont répartis entre les différents Comtés, en prenant pour unité de population le chiffre obtenu et, en divisant par 200 le total de la population de l'Etat. Chaque Comté contenant moins de cinq unités aura un député par unité complète et par fraction supérieure à la moitié d'une unité, mais il aura au moins un représentant ; ceux ayant cinq unités auront un représentant par unité complète. Ici le Sénat n'a pas la même raison d'être que dans le mécanisme fédéral ; il se distingue de la Chambre des Représentants seulement par un groupement différent des électeurs. Aucune loi n'est adoptée, si

elle n'est votée par les deux Chambres successivement.

Le pouvoir exécutif se compose d'un gouverneur,
d'un lieutenant-gouverneur, d'un secrétaire d'Etat,
d'un attorney général, d'un auditeur général, d'un
trésorier d'Etat, d'un secrétaire des affaires intérieures et d'un surintendant de l'instruction publique. Le Gouverneur général est élu le jour de
l'élection générale par les électeurs de l'Etat, à la
majorité relative ; le lieutenant-gouverneur l'est
de la même manière ; aucun membre du Congrès
et aucun fonctionnaire de l'Etat ou de l'Union ne
peuvent être élus. Le gouverneur est commandant
en chef de l'armée et de la marine de l'Etat, ainsi que
de la milice ; il nomme, avec le consentement des
deux tiers du Sénat, un secrétaire d'Etat et un attorney général révocables à volonté, un surintendant
de l'Instruction publique et tous autres fonctionnaires. Il fait remise des peines ; il convoque
l'Assemblée générale ; il peut refuser de promulguer
les lois et les renvoie à la Chambre avec ses objections, mais il sera obligé de la promulguer ensuite
s'il y a en sa faveur dans chacune des Chambres une
majorité des deux tiers.

Le pouvoir judiciaire se compose de la Cour suprême et de divers tribunaux ; la Cour suprême
comprend sept magistrats élus par les électeurs de
l'Etat tout entier pour vingt-et-un ans, s'ils se com-
portent bien pendant ce temps, mais ils ne sont pas
rééligibles. Chaque Comté, lorsqu'il atteint le chiffre

de 40 000 habitants, constitue un district judiciaire, et élit un juge jurisconsulte : l'Assemblée générale désigne des juges supplémentaires. Les juges de paix ou aldermen sont élus dans chaque commune quartier par tous les électeurs qualifiés pour cinq ans. Tous les juges, qui doivent être jurisconsultes, sont élus par les électeurs qualifiés de leur district pour dix années.

Les impeachments et les destitutions d'emploi sont prononcés par le Sénat ; ils s'appliquent aux fonctionnaires.

Au-dessous de l'Etat se trouve le Comté ; les fonctionnaires de Comté sont élus lors des élections générales pour une période de trois ans.

Enfin, au-dessous et près des citoyens individuels, se trouvent les corporations privées, parmi lesquelles les corporations municipales.

Comme on le voit, la Constitution des Etats reproduit, sur une échelle réduite, celle de l'Union.

MEXIQUE

Sa constitution est analogue à celle que nous venons d'analyser, au double point de vue du lien fédéral et de l'autonomie. Nous la passerons, par conséquent, plus rapidement, en revue. Elle date de 1857 et a été modifiée en 1873, 1874, 1878 et 1882. Les Etats du Mexique qu'elle régit sont au nombre de 27, non compris le district fédéral.

Comme toutes les constitutions, celle Mexicaine s'occupe d'abord des droits individuels irréductibles et les garantit, ce sont ceux que nous avons relevés dans la constitution des Etats-Unis.

Le Gouvernement fédéral comprend le législatif, l'administratif et le judiciaire. Le pouvoir législatif se compose du Congrès et du Président de la République. Le Congrès, à son tour, a deux Chambres, celle des Députés et celle des Sénateurs. La Chambre des Députés est nommée par tous les citoyens pour une période de deux ans, à raison d'un député pour 40 000 habitants et par chaque faction dépassant 20 000, cependant chaque territoire élit, au moins, un député ; il est nommé un suppléant à chaque siège de député titulaire, mais l'élection a lieu à deux degrés. Les districts électoraux sont divisés en sections de 500 habitants nommant chacune un électeur ; ces électeurs forment la junte électorale du district, appelée à élire un député, un sénateur, le Président de la République et les Membres de la Cour suprême. Pour être député, il faut être âgé de 25 ans. Le Sénat se compose de deux sénateurs par Etat et de deux autres pour le district fédéral. En cas de majorité simplement relative, c'est la législature de chaque Etat qui choisit ; il est élu un suppléant à chaque sénateur titulaire ; le Sénat se renouvelle par moitié tous les deux ans ; l'âge exigé est celui de 30 ans. Le Congrès tient chaque année deux sessions. Comme on le voit, le Sénat est revêtu d'un certain caractère pondérateur ; mais il constitue surtout un lien fédéral, en ce que chaque Etat, quel que soit le chiffre de sa population, envoie le même nombre de sénateurs, tandis que le nombre des députés se modèle sur le chiffre de la population, et par conséquent, la Chambre des Députés représente l'unité de tout le pays.

Le droit d'initiative des lois appartient au Président de l'Union, aux Députés et aux Sénateurs du Congrès et aux législateurs des Etats. Cette dernière compétence est très remarquable ; elle donne une participation directe des Etats au fonctionnement de la fédération. Il faut, pour qu'un projet de loi réussisse, l'approbation successive des deux Chambres ; mais le pouvoir exécutif peut le rejeter ; le projet est renvoyé alors à la Chambre où il a pris naissance ; si les deux Chambres l'approuvent de nouveau à la majorité absolue, le projet a force de loi.

Mais quels sont les pouvoirs du Congrès ? C'est là le point important ; car c'est ce qui distingue nettement les matières fédérales des autres. Il peut former de nouveaux Etats dans certaines conditions, mais après entendu les législatures des Etats dont dépendent ces territoires, et le pouvoir exécutif de la fédération, et pourvu que la création soit votée par les deux tiers des Sénateurs et les deux tiers des Députés, que la résolution du Congrès soit ratifiée par la majorité dans les législatures des Etats du territoire dont s'agit, et par les deux tiers des autres Etats. Les autres pouvoirs sont spéciaux à la Chambre des Députés ou au Sénat. Ceux de la Chambre des Députés sont les suivants : 1° s'ériger en collège électoral pour exercer les pouvoirs que la loi lui confère à l'effet de nommer le Président de la République, les magistrats de la Cour suprême et les Sénateurs du district fédéral ; 2° statuer sur les démissions du Président de la République ou des magistrats de la Cour suprême ; 3° surveiller, par une commission d'inspection, le fonctionnement de la Cour des Comptes ; 4° nommer les fonctionnaires de cette Cour ; 5° s'ériger en Jury d'accusation pour juger les hauts fonctionnaires ; 6° examiner le compte annuel présenté par le pouvoir exécutif, approuver le budget annuel, et proposer les contributions. Les pouvoirs exclusifs du Sénat sont les suivants : 1° approuver les traités et conventions diplomatiques avec les puissances étrangères ; 2° ratifier les nominations, faites par le Président, des ministres, agents diplomatiques, consuls, employés supérieurs des finances, colonels et autres officiers supérieurs de la marine et de l'armée ; 3° autoriser les troupes à sortir du territoire, ou les troupes étrangères, à y passer ; 4° consentir à ce que le pouvoir exécutif dispose de la garde nationale en dehors de ses Etats ; 5° dissoudre les pouvoirs constitutionnels, et recourir à des élections nouvelles, nommer dans ce but un gouverneur provisoire ; 6° résoudre les conflits politiques entre les pouvoirs d'un Etat, lorsque l'un d'eux a recours au Sénat, ou lorsqu'il y a eu trouble de l'ordre constitutionnel par la voie des armes ; 7° s'ériger en Jury de jugement dans certains cas. Enfin, chacune des deux Chambres peut, sans l'intervention de l'autre, régler son régime intérieur. Durant les vacances du Congrès, il y a une Commission de permanence composée de 29 membres, dont 15 députés et 14 sénateurs, qui a pour mission d'ordonner la convocation du Congrès ou de l'une des Chambres en session extraordinaire.

Il est à remarquer qu'à la différence des Congrès des autres nations confédérées, chacune des Chambres peut agir et décider seule dans la plupart des cas, ayant des attributions distinctes, d'autre part, que le Sénat a des attributions véritablement administratives, enfin qu'aucune fonction véritablement législative n'appartient à la fédération.

Le pouvoir exécutif est exercé par le Président des Etats-Unis du Mexique, nommé, ainsi que nous l'avons indiqué ; ce Président est élu pour quatre ans, et non rééligible pour la période suivante. Ses pouvoirs sont les suivants : 1° promulguer et exécuter les lois que fait le Congrès de l'Union et veiller à leur observation ; 2° nommer et révoquer les secrétaires d'Etat, les agents diplomatiques, et les autres employés de l'Union, 3° nommer les ministres, agents diplomatiques et consuls généraux avec l'approbation du Congrès ou de la Commission de permanence ; 4° nommer, avec l'approbation du Congrès, les colonels et autres officiers supérieurs de la guerre et de la marine et les employés supérieurs des finances ; 5° nommer les autres officiers de la marine et de l'armée nationales pour la sûreté et la défense extérieure de la Confédération ; 6° disposer de la garde nationale dans le même but ; 7° déclarer la guerre au nom du Mexique, après vote préalable de l'Union ; 8° conclure des traités avec la ratification du Congrès ; 9° établir des douanes maritimes et de frontière : 10° gracier pour délits de la compétence de la juridiction fédérale. Il existe aussi un certain nombre de Secrétaires d'Etat.

Le pouvoir judiciaire de la Confédération appartient à une Cour suprême de justice et à des tribunaux de district et de circuit. Les membres de la Cour suprême restent six ans en fonctions, ils sont le résultat d'une élection indirecte au premier degré. Les tribunaux fédéraux sont compétents pour : 1° les difficultés sur l'exécution des lois fédérales ; 2° celles relatives au droit maritime ; 3° celles où la Confédération est partie ; 4° les conflits entre deux ou plusieurs Etats ; 5° ceux entre un Etat et un ou plusieurs citoyens d'un autre Etat ; 6° les difficultés d'ordre civil ou criminel par suite de traités conclus avec des nations étrangères ; 7° les affaires concernant les agents diplomatiques et les consuls.

La Cour suprême de justice règle les questions de compétence entre les tribunaux fédéraux, entre ceux-ci et les tribunaux des Etats, entre les tribunaux d'un Etat et ceux d'un autre Etat.

Les tribunaux fédéraux résolvent aussi les difficultés nées : 1° à l'occasion des lois ou actes d'une autorité quelconque, violant les garanties individuelles ; 2° à celle des lois ou actes de l'autorité fédérale blessant ou restreignant la souveraineté des Etats ; 3° à celle des lois ou actes des autorités empiétant sur les attributions de l'autorité fédérale.

Les délits de fonctions sont de la compétence de la Chambre, comme Jury d'accusation, et du Sénat, comme Jury de jugement.

Telle est l'organisation fédérale. Voici maintenant celle des Etats de la Confédération. Chaque Etat est souverain chez soi, il doit cependant prendre la forme républicaine. Il choisit son Gouverneur. Il ne peut frapper monnaie, ni délivrer des patentes de course, ni établir des droits de tonnage, d'importation ou d'exportation, ni avoir des troupes permanentes, ou des vaisseaux de guerre, ni faire la guerre à une nation étrangère, excepté en cas d'invasion. Par une disposition générale, tous les pouvoirs qui ne sont pas expressément accordés à la fédération sont réservés aux Etats.

CONFÉDÉRATION ARGENTINE

La Confédération Argentine comprend 14 Etats et 4 territoires, indépendants les uns des autres, sauf le lien fédéral. Elle est en date du 25 septembre 1860.

Cette constitution, après avoir formulé les droits irréductibles des individus, établit un gouvernement fédéral, situé dans un district fédéral spécial. La forme républicaine est imposée aux Etats ; il ne peut être établi de douanes intérieures ; on ne doit pas admettre de nouvelles provinces sans l'assentiment des législatures et du Congrès. Le gouvernement fédéral doit favoriser l'immigration. La Constitution est révisable, la nécessité de cette révision doit être prononcée par le Congrès à la majorité des deux tiers de ses membres, mais elle ne peut être décidée que par une Convention convoquée *ad hoc*. Les juges des tribunaux fédéraux ne peuvent être en même temps juges de provinces.

Le pouvoir législatif fédéral est exercé par le Congrès composé de la Chambre des Députés et du Sénat. La Chambre est recrutée par le suffrage direct des provinces et de la capitale considérées comme districts électoraux d'un seul Etat, à raison d'un député par 20 000 habitants ou fraction de plus de 10 000 ; les députés doivent être âgés de 25 ans et sont élus pour 4 ans ; ils ont seuls l'initiative des lois sur le recrutement et les contributions ; la Chambre met en accusation devant le Sénat le Président, le Vice-Président, les ministres et les membres de la Cour suprême, ainsi que des tribunaux inférieurs, pour les délits commis dans l'exercice de leurs fonctions, à la majorité des deux tiers des membres présents. Le Sénat se compose de deux sénateurs de chaque province, élus par leur législature à la majorité des suffrages et de deux sénateurs de la capitale, nommés de la même façon que le Président. Pour être sénateur, il faut être âgé de trente ans et jouir d'un certain cens ; le mandat dure neuf ans. C'est le Sénat qui juge les personnes mises en accusation par la Chambre, la sentence n'a que l'effet de destituer l'accusé, et de le rendre incapable de remplir aucune fonction. Le Sénat autorise le Président à déclarer l'état de siège.

Le Congrès dans son ensemble a les attributions suivantes : 1° légiférer sur les douanes extérieures et établir les droits d'importation et d'exportation ; 2° imposer des contributions directes ; 3° faire des emprunts ; 4° aliéner les terres de propriété nationale ; 5° créer une banque nationale et ses succursales ; 6° régler le paiement de la dette intérieure et extérieure ; 7° fixer le budget et approuver les comptes ; 8° accorder des subsides ; 9° réglementer la navigation des cours d'eau, ouvrir les ports, créer et supprimer des douanes ; 10° frapper monnaie, adopter un système de poids et mesures ; 11° régler le commerce maritime et terrestre avec les nations étrangères ; 12° organiser les postes ; 13° régler les frontières du territoire, celles des provinces, en créer de nouvelles provinces ; 14° pourvoir à la sécurité des frontières ; 15° promouvoir la prospérité du pays et son progrès, rédiger les programmes d'instruction, encourager l'industrie, la construction des chemins de fer, la colonisation ; 16° établir des tribunaux inférieurs, créer et supprimer des emplois ; 17° admettre ou refuser la démission du Président de la République ; 18° approuver ou rejeter les traités ; 19° autoriser le pouvoir exécutif à déclarer la guerre ou à faire la paix ; 20° fixer le nombre des troupes ; 21° autoriser la convocation des milices ; 22° déclarer l'état de siège ; 23° exercer un pouvoir législatif sur le

territoire de la capitale ; 24° faire toutes les lois nécessaires dans les buts ci-dessus.

L'attribution la plus importante et celle qui dépasse les systèmes fédératifs ci-dessus décrétés, c'est
le pouvoir de faire un Code civil, un Code de commerce, un Code pénal et un Code des mines, d'édicter
des lois sur la naturalisation et les droits de citoyen,
sur les faillites, sur l'altération des monnaies et des
actes publics de l'Etat et sur l'établissement du Jury.

L'initiative peut émaner de l'une ou l'autre
Chambre ou du pouvoir exécutif. Ce dernier a
un veto dont l'effet est détruit par un vote nouveau
des deux Chambres à la majorité des deux tiers.
Chaque Chambre a le droit d'amendement ; si
l'amendement est introduit par la Chambre saisie la
seconde, le projet revient à la première ; si celle-ci le
rejette, il revient à la seconde ; si la seconde persiste
à le conserver à la majorité des deux tiers, le projet
revient à la première, et l'amendement n'est rejeté
que si ce projet réunit les deux tiers des voix des
membres présents.

Le pouvoir exécutif est exercé par le Président et
le Vice-Président à son défaut, tous deux élus pour
six ans et ne pouvant être immédiatement réélus. La
capitale et chacune des provinces nomment au suffrage une junte d'électeurs, égale au double du total des
députés et des sénateurs ; ne peuvent être élus en cette
qualité ni les députés, ni les sénateurs. Les électeurs
nommés votent à leur tour et élisent le Président ; s'il
n'y a pas de majorité absolue, le Congrès choisit entre

les deux qui ont obtenu le plus de voix. Le Président
a pour attributions de faire exécuter les lois, et, en
outre, de participer à leur confection, de nommer
les magistrats de la Cour suprême et des tribunaux
fédéraux inférieurs avec l'assentiment du Sénat, de
grâcier et de commuer les peines prononcées pour délits fédéraux, d'accorder des pensions de retraites,
de présenter les évêques, d'admettre les bulles de la
Cour de Rome, de nommer et de révoquer les ministres
plénipotentiaires avec l'assentiment du Sénat, de nommer les ministres d'Etat, les agents consulaires, de réunir les Chambres, de signer et conclure les traités de
paix, de commerce et d'alliance, ainsi que les concordats, de commander les forces de terre et de mer, de
déclarer la guerre avec l'autorisation du Congrès, de
déclarer l'état de siège. Il a cinq ministres : de l'intérieur, des affaires étrangères, des finances, de la justice, des cultes et de l'instruction publique, de la
guerre et de la marine ; ces ministres ne peuvent
être ni sénateurs, ni députés.

Le pouvoir judiciaire fédéral est exercé par la Cour
suprême de justice et d'autres tribunaux inférieurs. Ils
ont compétence pour les causes relatives aux points
régis par la Constitution ou les lois de la nation, mais
non pour celles relatives aux Codes civil, de commerce,
pénal et des mines, qui sont de la juridiction des tribunaux provinciaux ; pour celles relatives aux traités, aux
ambassadeurs et consuls étrangers, celles d'amirauté
et de juridiction maritime, les affaires où la nation est
partie, celles entre plusieurs provinces, entre une pro-

vince et les habitants d'une autre province, entre les habitants de diverses provinces, entre une province ou ses habitants et un Etat ou un citoyen étranger. Tous les procès criminels, excepté ceux attribués au Sénat, sont jugés par des jurés.

Tel est le mécanisme fédéral.

Au-dessous, les États qui s'appellent provinces sont autonomes. Ils élisent leur gouverneur, leurs législateurs et leurs autres fonctionnaires provinciaux. Ils peuvent passer entre eux des traités particuliers, mais ne peuvent se faire la guerre ; leurs différends doivent être portés à la haute cour de justice.

Le gouvernement fédératif de la République Argentine présente une grande analogie avec ceux décrits précédemment, mais cependant s'en distingue par une différence essentielle et introduit un usage qui fait brêche à l'autonomie des provinces, c'est l'attribution au gouvernement fédéral de la législation non fédérale, quand il s'agit des Codes Civil, de Commerce et Pénal.

VÉNÉZUELA

La Constitution dernière du Vénézuela est toute récente, elle date du 21 juin 1893, on peut y étudier le dernier stade du gouvernement fédératif en Amérique. Les Etats-Unis du Vénézuela comprennent les

Etats des Andes, Bermudes, Bolivar, Caraboca, Falcon, Lara, Miranda, Zamora et Zulia. Ces Etats se sont réservé le droit de se grouper deux ou plusieurs ensemble en vertu de délibérations de leurs assemblées législatives pour ne former qu'un seul Etat ; ceux qui ont été réduits en section peuvent se séparer de nouveau, sur la demande des deux tiers de leurs districts, pourvu que la population en soit supérieure à 100,000 habitants ; ceux dont la population est inférieure peuvent demander leur annexion à un autre Etat, pourvu que la population restant à l'Etat dont ils désirent se séparer soit supérieure à 100,000 habitants. La première avec beaucoup de soin, cette Constitution prévoit donc les cas d'adjonction et de sécession d'Etat à Etat dans l'intérieur de la Confédération.

Les Etats confédérés sont autonomes et égaux entre eux ; ils doivent s'organiser en gouvernements démocratiques, électifs, fédératifs, représentatifs, alternatifs et responsables, reconnaître l'autonomie communale au point de vue économique et administratif, n'aliéner aucune partie de leur territoire, ne demander aucune assistance aux puissances étrangères, ne pas entretenir de relations politiques avec elles, ne se réunir ni s'allier à elles, et fournir à la nation pour constituer le territoire fédéral un district inhabité de 100 kilomètres carrés au moins, outre les terrains nécessaires pour la construction de forts, etc. La juridiction législative et exécutive concernant la navigation maritime, côtière et fluviale, ainsi que les voies publiques nationales, appartiennent à la fédération seule. Les États ne peuvent établir aucune taxe de navigation sur les cours d'eau, ni d'impôts sur les produits frappés d'impôt fédéral, ni aucune douane particulière, ils doivent céder à l'Union l'administration des mines et salines. La législation doit être uniforme en matière civile, commerciale et pénale et en matière de procédure civile et pénale. En fait d'élection, ils doivent établir le scrutin secret et direct, en matière d'instruction primaire, la gratuité et l'obligation, ainsi que la gratuité pour l'enseignement industriel et artistique. L'extradition doit être admise d'Etat à Etat. Une armée fédérale est formée en temps de paix par les contingents de tous les Etats, mais aucun d'eux ne peut déclarer la guerre à un autre Etat ; en cas de conflit entre eux, ils doivent se soumettre aux décisions de la Haute Cour Fédérale. La fédération a le droit d'édicter un code de l'Instruction publique nationale. La cour de Cassation fédérale est le tribunal suprême des Etats ; en outre, elle juge les crimes de haute trahison contre la patrie et les infractions à la Constitution et aux lois fédérales, commis par l'autorité exécutive suprême d'un Etat. La Confédération seule peut émettre du papier monnaie. Les réfugiés politiques ne peuvent être admis d'un Etat à l'autre. Sont revenus de la Confédération, sauf à les répartir tous les cinq ans entre les Etats proportionnellement à leur population, le produit des douanes et celui des mines, salines et terrains vagues. Les Etats envoient au Congrès, par l'organe de leurs Assemblées législatives, une liste de neuf personnes parmi lesquels on devra choisir les membres titulaires et suppléants de la Haute Cour Fédérale, et élire les Membres de la Cour de Cassation.

Telle est la délimitation juridique entre la confédération et les Etats qui la composent. On voit que le lien fédéral est très resserré, et qu'en particulier la législation doit être uniforme, mais non cependant fédérale. Voici maintenant quels sont les organes du gouvernement fédéral. Il faut distinguer le législatif, l'administratif et le judiciaire.

Le Congrès de la Confédération du Vénézuela se compose du Sénat et de la Chambre des Députés ; c'est chaque Etat qui règle le mode d'élection de ces derniers, qui a lieu d'ailleurs au suffrage universel. Il faut remarquer qu'on nomme autant de suppléants que de députés, pour le cas de vacance dans l'intervalle des époques d'élection. La Chambre des députés a pour attribution d'examiner le compte annuel présenté par le président de la République, d'élire pendant deux ans le procureur général de la Nation et ses deux substituts, à la majorité absolue des suffrages, par scrutins successifs, et d'émettre, s'il y a lieu, un vote de blâme contre le cabinet, à la suite duquel ses membres seront démissionnaires de plein droit. Pour former le Sénat, le corps législatif de chaque Etat élit trois sénateurs titulaires et trois suppléants ; pour pouvoir être élu, il faut être âgé de trente ans. Les chambres législatives se réunissent tous les ans, sans convocation, le 20 février, la présence des deux tiers est indispensable pour pouvoir ouvrir la session, ensuite chaque chambre peut siéger avec la présence des deux tiers des membres présents à l'ouverture, pourvu qu'il y ait la moitié des membres de la chambre. Elles délibèrent séparément, mais elles peuvent se réunir, si l'une d'elles l'estime nécessaire. Le congrès a de nombreuses attributions, même en dehors du domaine purement législatif ; il organise le district fédéral, vote les impôts nationaux, règle le service des postes et télégraphes, sanctionne les codes nationaux, autorise les emprunts, fixe chaque année le contingent militaire, déclare la guerre, ratifie les traités, vote le budget, accorde les amnisties, vote la loi relative à l'élection du Président de la République. Les projets de loi votés par une Chambre doivent être soumis à l'autre qui peut les rejeter ou les amender, et il y a renvoi réciproque jusqu'à accord, mais l'une d'elles peut alors proposer le Congrès.

Le pouvoir exécutif fédéral est exercé par le Président des Etats-Unis assisté de ses ministres et du Conseil de Gouvernement. Le président est nommé par tous les citoyens des Etats et du district fédéral, au scrutin direct et secret. Si aucun des candidats n'obtient la majorité absolue, le Congrès choisit le Président parmi les deux qui ont réuni le plus de voix ; pour cette élection, chaque Etat dispose d'une voix ; le vote par chaque Etat est émis alors à la majorité absolue des suffrages des sénateurs et des députés réunis. Le Président est nommé pour quatre ans, il n'est pas rééligible pour la période suivante, non plus que ses parents ou alliés. Parmi ses attributions, il faut signaler la constitution d'un cabinet, la nomination des employés fédéraux, la reddition d'un compte annuel, la négociation des emprunts ; il y en a d'autres qu'il ne peut remplir qu'après avoir consulté le Conseil du Gouvernement, en particulier, la constitution provisoire d'un traité et la déclaration de guerre après décision du congrès, l'organisation de la force armée, le droit de grâce. Il lui faut l'avis conforme de ce Conseil pour employer la force armée à l'effet d'exécuter un des Etats de l'Union. Le Conseil du Gouvernement se compose de neuf membres et d'autant de suppléants élus par le Congrès pour quatre ans, chaque Etat dispose d'une voix, les Ministres assistent aux séances du Conseil. Chaque année ils rendent compte au Congrès de ce qu'ils ont fait.

Le pouvoir judiciaire fédéral se compose de la Haute Cour Fédérale, de la Cour de Cassation et des autres tribunaux établis par la loi. La Haute Cour Fédérale comprend neuf membres auxquels on adjoint autant de suppléants ; l'Assemblée législative de chaque Etat dresse une liste de neuf candidats pris hors de son sein qu'elle transmet au Congrès national ; celui-ci choisit parmi eux le conseiller titulaire et le conseiller suppléant attribués à l'Etat, ils sont élus pour six ans. Cette Cour a surtout pour attribution de recevoir les accusations portées contre le Président de la République, les Conseillers du Gouvernement, les Membres du Cabinet, ceux de la

Haute Cour Fédérale et ceux de la Cour de Cassation, de connaître des affaires civiles ou criminelles, dans lesquelles sont impliqués des agents diplomatiques étrangers, de juger les affaires de responsabilité contre les agents diplomatiques, de connaître des affaires civiles dans lesquelles la Nation est défenderesse, de déclarer quelles sont les lois en vigueur, lorsqu'il y a conflit entre des lois ou des décrets fédéraux ou avec des lois d'un Etat, de prononcer l'inconstitutionnalité d'un acte émanant d'un fonctionnaire fédéral, de dépouiller le scrutin relatif à l'élection du Président de la République. La Cour de Cassation est une juridiction des Etats, elle se compose de neuf conseillers nommés pour six ans. L'Assemblée législative de chaque Etat élit tous les six ans un conseiller titulaire et un suppléant qu'elle choisit hors de son sein, et dresse une liste de six personnes pour les suppléer. Elle a pour mission de juger les hauts fonctionnaires des Etats poursuivis criminellement et comme responsables, elle applique alors les lois de l'Etat, et à défaut celles de l'Union, elle prononce la nullité des actes d'une autorité usurpatrice, statue sur les pourvois en Cassation, présente chaque année au Congrès un rapport sur les difficultés qui surgissent dans l'application de la législation en matière civile et criminelle, tranche les conflits d'attribution entre les fonctionnaires ressortissant à des Etats différents.

Le Gouvernement fédéral n'a dans les Etats aucun fonctionnaire spécial qui le représente.

Les amendements à la Constitution ne peuvent être discutés par le Congrès national que s'ils sont réclamés par les trois quarts des assemblées législatives des Etats réunis en session ordinaire ; ils sont votés de la même manière que les lois, puis soumis aux Assemblées législatives des Etats. Le Congrès peut aussi en prendre l'initiative, mais alors il faut la ratification des trois quarts des Assemblées législatives des Etats.

Comme on le voit, la démarcation est bien tracée, il y a peu d'immixtion du gouvernement fédéral dans celui des Etats ; au contraire, les Assemblées des Etats interviennent souvent directement et indirectement en matière fédérale.

Enfin, il faut remarquer que souvent une matière n'est pas fédérale, mais qu'on recommande aux Etats de la régler d'une manière uniforme. On est alors à mi-chemin entre le particularisme et le fédéralisme.

BRÉSIL

La constitution du 4 février 1891 établit le gouvernement fédératif conformément à la proclamation de la République faite le 15 novembre précédent ; auparavant l'Etat était unitaire, et nous avons ici l'exemple bien remarquable et assez rare d'un pays passant de l'unitarisme à la confédération. De là, désormais, de nouveaux Etats-Unis : les Etats-Unis du Brésil. Les anciennes provinces deviennent des Etats, l'ancien municipe neutre est converti en district Fédéral et continue d'être la tête de l'Union, tant qu'on n'aura pas attribué à cette Union sur le plateau central une zone de 14,400 kilomètres carrés dans ce but, alors le district fédéral actuel redeviendra Etat.

Les Etats peuvent se réunir, se subdiviser, se démembrer pour s'annexer à d'autres ou former de nouveaux Etats, avec l'assentiment de leurs législatures respectives durant deux sessions annuelles et consécutives. Chacun doit pourvoir à ses besoins, cependant la Confédération peut lui donner des subsides en cas de calamité publique. Le gouvernement fédéral n'intervient dans les divers Etats que pour repousser une invasion étrangère, ou celle d'un Etat par un autre, maintenir la forme républicaine fédérale, rétablir l'ordre sur la demande du gouvernement de l'Etat, assurer l'exécution des lois et des sentences fédérales. L'Union seule peut décréter des impôts sur les importations venant de l'Etranger, des droits sur les navires, des taxes postales et télégraphiques fédérales, établir des banques d'émission, créer et entretenir des douanes. Ces actes et sentences sont exécutés par des fonctionnaires fédéraux ; l'exécution des lois peut être laissée aux fonctionnaires des Etats.

Par contre, les Etats ont seuls le droit de décréter des impôts sur l'exportation des marchandises, sur les immeubles, la transmission de la propriété, et les industries et professions, des taxes sur leurs postes et télégraphes propres. Ni les Etats ni la Confédération ne peuvent subventionner un culte.

Telle est la démarcation entre ce qui est fédéral et ce qui ne l'est pas. Voici maintenant les organes fédéraux. Ils comprennent le législatif, l'exécutif et le judiciaire.

Le pouvoir législatif est exercé par le Congrès avec la sanction du Président de la République. Ce congrès se compose de la Chambre des Députés et du Sénat; chaque législature dure trois ans. La Chambre est élue par les Etats et par le district Fédéral, au suffrage direct garantissant la représentation des minorités. Le Sénat se compose de trois membres par chaque Etat et de trois pour le district fédéral ; le mandat des sénateurs dure neuf ans. C'est lui qui juge le Président de la République et les autres fonctionnaires fédéraux, il ne peut condamner qu'à la majorité des deux tiers des membres présents. Le Congrès a pour attribution : 1° le budget et le règlement de compte du dernier exercice ; 2° les emprunts; 3° la dette publique; 4° la perception et la distribution des recettes fédérales ; 5° le commerce international et celui des Etats entre eux et avec le district fédéral ; 6° la navigation des cours d'eau qui baignent plus d'un Etat ; 7° le poids, la valeur, l'inscription et le type des monnaies ; 8° la création et la réglementation des banques d'émission ; 9° l'étalon des poids et mesures ; 10° les limites des Etats entre eux, celles du district fédéral, et celles du territoire national avec les autres pays ; 11° la déclaration de guerre ou les traités de paix ; 12° les traités avec l'étranger ; 13° le changement de capitale fédérale ; 14° les subsides aux Etats ; 15° le service des postes et télégraphes généraux ; 16° le régime convenable à la sécurité des frontières ; 17° l'organisation de l'armée et de la flotte ; 18° le passage des troupes étrangères ; 19° la mobilisation de la garde nationale ; 20° la déclaration de l'état de siège ; 21° les conditions et le mode des élections aux charges fédérales ; 22° le droit civil, commercial et criminel de la République, et la procédure de justice fédérale ; 23° la naturalisation ; 24° la création et la suppression d'emplois publics fédéraux ; 25° la justice fédérale ; 26° les amnisties ; 27° la commutation de peines prononcées contre des fonctionnaires fédéraux ; 28° les terres et les mines de l'Union ; 29° l'organisation municipale du district fédéral ; 30° la législation spéciale des points du territoire nécessaires à la fondation d'arsenaux ; 31° la détermination des cas d'extradition entre Etats. Tous les projets de lois peuvent émaner de l'une ou l'autre des deux chambres, il faut le vote des deux, le Président de la République peut refuser sa sanction dans les dix jours et renvoyer le projet à la Chambre qui l'a proposé ; ce projet passe alors s'il obtient le vote des deux tiers des membres de cette chambre. Celui amendé par l'autre chambre retourne à la première ; si celle-ci n'accepte pas les amendements, il revient à l'autre et est censé approuvé pour ces amendements, s'il réunit les deux tiers des voix de cette chambre, dans le cas contraire il retóurne à la Chambre où il a pris naissance, et celle-ci ne pourra repousser les amendements qu'à la même majorité.

Le pouvoir exécutif est exercé par le Président des Etats-Unis du Brésil, ou par le Vice-Président nommé en même temps que lui. Il faut, pour être élu, l'âge de 35 ans. Le mandat dure quatre ans, et la réélection immédiate n'est pas permise. Le Président et le Vice-Président sont élus par le suffrage direct de la nation à la majorité absolue ; s'il n'y en a pas, le Congrès choisit entre les deux candidats qui ont obtenu le plus grand nombre de voix. Le Président nomme à toutes les fonctions, grâcie et commue les peines, commande les forces de terre et de mer et exerce tous les pouvoirs ordinaires. Il a pour auxiliaires des Ministres ; ceux choisis perdent aussitôt leur mandat de député ou de sénateur et sont immédiatement remplacés.

Le pouvoir judiciaire fédéral est exercé par un tribunal fédéral suprême et d'autres tribunaux fédéraux ; les juges fédéraux sont nommés à vie par le Président de la République, le tribunal fédéral suprême juge le Président de la République, les ministres statuent sur les conflits entre l'Union et les Etats, entre les nations étrangères et les Etats, entre les tribunaux fédéraux, et entre ceux-ci et ceux des Etats ; ils jugent en appel sur les recours contre les jugements des tribunaux fédéraux. Un recours est ouvert, en outre, devant le tribunal fédéral suprême contre les tribunaux des Etats, lorsque des lois ou des traités fédéraux sont en cause, si la validité des lois des Etats est contestée au regard de la Constitution ou des lois fédérales.

La Constitution peut être modifiée sur l'initiative du Congrès national ou des Assemblées des Etats; il faut pour cela que cette modification soit présentée par le quart des membres de l'une des chambres du Congrès et acceptée, après trois discussions, par les deux tiers des voix dans chacune des deux; ou qu'elle soit sollicitée par les deux tiers des Etats dans le courant d'une même année, chaque Etat manifestant son opinion par la majorité des voix de sa législature. Il s'agira alors de l'approuver, elle le sera, si dans l'année suivante, après trois discussions, elle est adoptée par la majorité des voix dans les deux chambres.

DOMINION

Le dominion est la confédération des Etats de la Nouvelle Ecosse, du Nouveau Brunswick, d'Ontario (ancien Haut Canada) et de Québec (ancien Bas Canada), auxquels se sont adjoints le Manitoba, la Colombie Britannique, l'île du Prince Edouard, et enfin les autres possessions britanniques de l'Amérique du Nord, à l'exception de Terre-Neuve; la Constitution fédérale date du 29 mars 1867. Elle se distingue des précédentes, surtout en ce que le territoire reste sous la domination de l'Angleterre. Chacun des Etats est divisé en plusieurs provinces.

Le pouvoir exécutif fédéral appartient à la Reine

d'Angleterre qui l'exerce par le Gouverneur général, auquel est joint un Conseil nommé le Conseil
privé de la Reine pour le Canada. Le Parlement se
compose du Sénat et de la Chambre des Communes.
Les Sénateurs sont nommés par la Reine ; les députés par les habitants.

Telle est l'organisation du lien fédéral.

L'autonomie provinciale est aussi dominée par
l'autorité de la Reine. Chaque province se trouve
sous un lieutenant-gouverneur, lequel est nommé
par le gouverneur général en Conseil. En outre, chaque Etat a une législature composée du lieutenant-
gouverneur et d'une seule chambre pour Ontario, de
deux pour Québec. Là où il y a deux chambres, l'une
s'appelle le Conseil législatif, et l'autre, l'Assemblée
Législative. La première est nommée par le lieutenant-gouverneur ; elle correspond au Sénat fédéral.
L'autre l'est au suffrage.

Ce qui nous intéresse surtout ici, c'est la distribution des pouvoirs entre le Gouvernement fédéral et le
Gouvernement provincial. Tandis qu'ailleurs c'est la
compétence des Etats ou des provinces qui est la
règle et celle fédérale qui est l'exception, ici c'est l'inverse. La compétence provinciale comprend : 1º l'a-
mendement de la constitution de la province ; 2º les
impositions dans l'intérêt provincial ; 3º les emprunts ;
4º la nomination et le paiement des officiers provinciaux ; 5º l'établissement et l'entretien des prisons,
hôpitaux, etc. ; 6º les institutions municipales ; 7º les
travaux locaux ; 8º la célébration du mariage ; 9º la

propriété et les droits civils ; 10° l'administration de la justice, y compris la création et l'organisation des tribunaux, et la procédure civile ; 11° toutes les matières purement locales. Tout le surplus est fédéral.

Les juges des cours supérieures, de district et de comté dans chaque province sont nommés par le gouverneur général.

Comme on le voit, l'état de simple colonie a grandement déformé ici l'indépendance provinciale et fédérale et modifié son mécanisme ordinaire.

RÉPUBLIQUE DOMINICAINE

Le 17 novembre 1887 la Constitution dominicaine a été réformée ; d'unitaire, elle est devenue fédérative. Elle comprend cinq Etats ayant chacun sa législature distincte : Santo Domingo, Azua de Compostelle, Seibo, Vega et Santiago de los Caballeros. Il y a un Congrès national central de représentants élus pour deux ans au suffrage restreint à raison de deux par province.

Telles sont les républiques américaines qui ont admis la forme fédérative ; deux d'entre elles, le Brésil et la République dominicaine, avaient auparavant la forme unitaire.

Plusieurs autres ont oscillé entre ces deux formes, on peut citer dans ce sens la Colombie. Le 22 mai 1858 fut formée une confédération entre les 36 provinces de la Nouvelle Grenade, sous le nom de Confédération Grenadine, puis en 1860 commença une longue guerre civile entre les Etats conservateurs et les Etats libéraux. Ces derniers se liguèrent sous le nom d'Etats de Colombie le 20 septembre 1861 ; neuf Etats entrèrent dans l'union et six territoires ; elle resta 23 ans en vigueur, mais elle prit fin en 1884.En 1886, la forme unitaire a remplacé la forme fédérative, les anciens Etats ont été transformés en départements.

De leur côté, les divers Etats de l'Amérique Centrale formèrent un moment une Confédération. Une république fédérative s'établit, composée des Etats de Guatémala, Salvador, Honduras, Nicaragua, Costa-Rica et le premier Congrès fédéral fut réuni à Guatémala le 6 février 1825. Mais en 1838 le Congrès vota la dissolution du pacte fédéral et chaque Etat reprit son indépendance. En 1852, trois Etats, le Honduras, le Nicaragua et le Honduras tentèrent de nouveau de se confédérer. En 1889, nouvelle tentative dans ce sens.

Fédérations Européennes

Nous distinguerons les fédérations républicaines, et les monarchiques formant empire.

I. — FÉDÉRATIONS RÉPUBLICAINES

Il n'en existe qu'une seule : c'est celle de la Suisse.

CONFÉDÉRATION SUISSE

La Confédération Suisse est régie par la Constitution du 29 mars 1874 qui a apporté de grandes modifications à l'état antérieur, et a diminué beaucoup l'indépendance de chaque canton au profit de l'unité fédérale. Auparavant l'autonomie des 22 cantons était complète, et le Gouvernement fédéral n'était investi que des pouvoirs nécessaires à l'existence de la fédération, à la représentation et à la défense contre l'Etranger ; en particulier, il n'avait aucune attribution législative pour les lois de droit commun. Il n'y avait pas d'armée fédérale, mais seulement des contingents fournis par chaque canton. La constitution de 1874 crée l'armée fédérale, elle permet au gouvernement fédéral de statuer sur les cultes et les associations religieuses. Elle attribue pour faire face aux dépenses fédérales, à la Confédération, la totalité des revenus des douanes, des péages, des postes et télégraphes. Elle déclare matières fédérales la législation des chemins de fer, de la pêche, de la chasse, sur le travail des enfants dans les manufactures, sur les maisons de jeu et de loterie, sur les forêts, endiguements et autres travaux publics, sur l'émission et le recouvrement des billets de banque, sur les diplômes des professions libérales. Enfin, ce qui est plus grave, la Confédération peut faire de véritables Codes sur le droit d'établissement, l'état civil, le mariage, le commerce et les transactions mobilières, la faillite, la propriété littéraire et artistique ; elle a usé de ce droit en légiférant sur toutes ces matières et a promulgué le Code des obligations qui pénètre le droit civil, celui de la poursuite pour dettes et des faillites. Tout cela a été démembré du droit cantonal. L'unification du droit pénal se poursuit. On peut dire que la confédération s'avance peu à peu en Suisse vers l'unification, malgré la différence des sites géographiques et des langues.

Nous avons à examiner successivement et brièvement, parce que le mécanisme fédératif de la Suisse est bien connu : 1° la distinction des matières fédérales et des matières cantonales ; 2º les organes de fédération.

Les matières fédérales peuvent être rangées sous les chefs suivants : 1º rapports extérieurs ; 2º rapports entre cantons ; 3º affaires militaires ; 4º mesures de police générale ; 5º travaux publics ; 6º concessions de droits politiques ; 7º système unitaire de poids et mesures ; 8º postes et télégraphes ; 9º enseignement ; 10º cultes ; 11º douanes ; 12º impôt fédéral ; 13º certaines parties de la législation ordinaire.

1º C'est le Gouvernement fédéral qui représente seul la Suisse vis-à-vis de l'Etranger, seul par conséquent il peut déclarer la guerre, conclure la paix, faire des alliances et des traités de commerce, de douane, ou autres, mais les cantons peuvent conclure directement avec l'Etranger des traités sur les rapports de voisinage et de police. Les rapports entre les cantons et l'Etranger ont lieu par l'intermédiaire du Gouvernement fédéral.

2º C'est le Gouvernement fédéral qui garantit à chacun des cantons sa constitution particulière ; il a le droit de la refuser, si cette constitution n'est pas républicaine, représentative et démocratique, si elle n'a pas été ratifiée par le peuple du canton, ou si elle fait grief aux droits de la fédération. Toute alliance et tout traité politique entre cantons sont interdits ; mais les cantons peuvent faire d'autres traités entre eux, sauf le droit d'annulation par la confédération si d'autres cantons sont lésés. Les différends entre cantons sont soumis à la décision fédérale.

Dans le cas de danger subit venu du dehors, le canton attaqué requiert les autres cantons. En cas de troubles à l'intérieur ou de canton à canton, le gouvernement du canton menacé avise le Conseil fédéral et requiert le secours des autres. Les frais sont supportés par celui qui a requis l'assistance, à moins de décision contraire.

3° La confédération n'a pas le droit d'entretenir une armée permanente ; nul canton ne peut avoir plus de 300 hommes de troupe, sans autorisation, en dehors de la gendarmerie. C'est le Gouvernement fédéral qui règle l'organisation de l'armée et qui dispose de celle-ci ; les corps doivent être formés de troupes d'un même canton ; la composition de ces corps, la nomination et la promotion des officiers sont de compétence cantonale.

4° A titre de mesures de police, c'est la Confédération qui règle ce qui concerne la chasse et la pêche, les maisons de jeu lesquelles sont interdites, les loteries, le travail des enfants, les agences d'émigration, les entreprises d'assurances, les épidémies et les épizooties, l'expulsion des étrangers.

5° En ce qui concerne les travaux publics, elle peut ordonner à ses frais ou subventionner les travaux intéressant une grande partie du pays, elle prononce l'expropriation, légifère sur la construction et l'exploitation des chemins de fer, surveille les routes et les ponts les plus importants, ainsi que les endiguements et les forêts.

6° Les lois cantonales sur l'établissement et sur les

droits électoraux que possèdent en matière communale les citoyens établis sont soumis à la sanction du Conseil fédéral ; c'est la loi fédérale qui
fixe dans quelles conditions un Suisse peut renon-
cer à sa nationalité et se faire naturaliser ailleurs ;
elle indique aussi les conditions de naturalisation
d'un étranger, et les mesures à prendre pour incor-
porer les *héimathlosen.*

7° C'est la législation fédérale qui détermine le système des poids et mesures. La fédération peut seule
battre monnaie ; elle règle l'émission des billets de
banque.

8° Les postes et télégraphes sont du domaine fédéral.

9° La Confédération peut créer, outre l'école po-
lytechnique, une Université fédérale et d'autres établissements d'instruction supérieure. Mais ce sont les
cantons qui pourvoient à l'Instruction Primaire.

10° Tout ce qui concerne les cultes, les contestations
relatives à la création de communautés religieuses
est du ressort fédéral.

11° Les péages sont du ressort fédéral, et leur
produit appartient à la fédération.

12° Pour faire face aux charges fédérales, la Confédération se réserve le profit et la levée de certains
impôts, en particulier, des droits d'entrée et de ceux
de sortie, elle a aussi pour ressources, outre les biens
fédéraux, le produit des postes et télégraphes, celui
de la régale des poudres, la moitié du produit brut de
la taxe sur les exemptions militaires, et enfin les
contributions que doivent lui fournir les cantons.

13° En outre, certaines parties du droit ordinaire sont, au point de vue législatif, réservés à la Confédération. Tout d'abord, ce qui concerne l'extradition des accusés d'un canton à l'autre ; c'est la conséquence de ce principe que c'est elle qui règle tous les rapports de canton à canton pouvant intéresser l'ensemble du pays, cette extradition n'a pas lieu d'ailleurs en matière de presse et de délit politiques. Puis, elle établit certaines bornes à la législation cantonale par des principes communs : c'est ainsi que la peine de mort ne peut être prononcée pour délits politiques et qu'on ne peut infliger de peines corporelles. Mais la compétence fédérale va plus loin ; sa législation s'applique : 1° à la capacité civile ; 2° à l'état civil, à la tenue de ses registres et à certaines conditions et effets du mariage ; 3° au droit commercial et à celui des obligations ; 4° à la poursuite pour dettes et à la faillite ; 5° à la propriété littéraire et artistique. Il s'agit, en effet, encore ici de choses dépassant l'intérêt unique d'un canton et ses affaires intérieures ; le commerce essentiellement international. *a fortiori*, est intercantonal. Ce sont, en un mot, les objets qui font le plus souvent la matière des traités internationaux, qui sont intercantonaux aussi, et par conséquent fédéraux.

Après le matériel fédéral, examinons le personnel fédéral.

Le Gouvernement fédéral est, suivant une particularité du droit Suisse, tantôt direct, tantôt indirect. Le premier s'exerce par les votations populaires.

Le gouvernement indirect ou pouvoir constitué se divise en pouvoir législatif, pouvoir exécutif ou administratif, et pouvoir judiciaire.

Le premier est exercé par l'Assemblée fédérale, laquelle se compose de deux Chambres : le Conseil national et le Conseil des Etats.

Le Conseil national représente toute la nation Suisse, abstraction faite des cantons qui la composent ; ses membres sont élus à raison d'un par 20 000 âmes de population, avec cette observation relative au minimum, que chaque canton élit au moins un député. Dans ce but, le territoire total se divise en 48 arrondissements électoraux, la nomination a lieu pour 3 ans. Le Conseil des Etats se compose ainsi : chaque canton nomme deux députés, chaque demi-canton en nomme un ; les députés de ce conseil sont rétribués par les cantons. Quant au mode d'élection par les cantons de leurs députés, il dépend de la constitution de chacun d'eux ; ici, c'est le parlement cantonal qui élit ; ailleurs, l'élection est faite par les assemblées populaires délibérant ou par le scrutin ; la durée du mandat varie entre un et trois ans. Les deux Conseils ont une session par an ; de plus, ils peuvent être extraordinairement convoqués par le Conseil fédéral, ou sur la demande du quart des membres du Conseil national ou sur celle de cinq cantons. Chaque Conseil délibère séparément, mais ils se réunissent dans certains cas, en séance plénière, par exemple, pour exercer le droit de grâce ou pour statuer sur un conflit de compétence, ou lorsqu'il s'agit d'élection, alors c'est la majorité totale qui l'emporte. Chacun des conseils est saisi : par une proposition du Conseil fédéral, par une communication de l'autre conseil, par une motion d'un de ses membres, par une pétition. Lorsqu'un projet a été voté par l'un des Conseils, il est envoyé à l'autre ; si le second modifie ou rejette, il communique sa décision au premier qui délibère de nouveau ; il n'y a pas de solution constitutionnelle au conflit, pas plus que chez nous. Au regard de l'exécutif, les deux Conseils doivent délibérer sur les lois et arrêts sur les traitements, la création de fonctions fédérales, l'élection du Conseil fédéral, du tribunal fédéral, du Chancelier et du général en chef de l'armée fédérale, les alliances et les traités avec les nations étrangères et l'approbation des traités des cantons entre eux ou avec les Etats étrangers, les mesures pour la sûreté extérieure de la Suisse, les déclarations de guerre et la conclusion de la paix, la garantie des constitutions et du territoire des cantons, l'amnistie et le droit de grâce, les mesures pour le maintien de l'ordre et le respect de la Constitution fédérale, le droit de disposer de l'armée fédérale, l'établissement du budget annuel et l'approbation des comptes de l'Etat, les arrêtés autorisant les emprunts, la haute surveillance de la justice fédérale, les réclamations contre les décisions du conseil fédéral, les litiges administratifs, les conflits de compétence entre autorités fédérales, la révision de la Constitution.

Le pouvoir exécutif est exercé non par une seule personne, mais par le Conseil fédéral composé de sept membres nommés pour trois ans par l'Assemblée fédérale. Les départements de ce Conseil, qui sont de véritables Ministères, sont au nombre de sept. Enfin l'Assemblée fédérale nomme chaque année, parmi les membres du Conseil fédéral, le président de la Confédération et le vice-président du Conseil Fédéral. C'est le président élu d'un Conseil de ministres électif. Il peut être décrété d'accusation par l'Assemblée fédérale, ou plus exactement, par chacune des Chambres ; c'est le tribunal fédéral qui est juge.

La justice fédérale est exercée par le tribunal fédéral, lequel est compétent en matière fédérale, seulement avec un jury au répressif. Au civil, il l'est pour tous les litiges qui intéressent la Confédération et les cantons. Au criminel, il juge avec un jury les crimes et délits contre la fédération. En outre, il fait fonction de tribunal de Cassation pour les causes criminelles de sa compétence et pour certaines décisions des tribunaux cantonaux relatives aux lois fiscales fédérales. Enfin il a la juridiction des conflits et celle administrative. Il se compose de neuf membres, nommés pour six ans par l'Assemblée fédérale, ainsi que son président et ses vices-présidents. Voici sa compétence exacte. Au civil, il connaît en première et unique instance des différends : 1° entre la Confédération et un ou plusieurs cantons ; 2° entre des corporations ou des particuliers demandeurs et la Confédération défenderesse, si le litige atteint 3.000 en capital ; 4° entre cantons et corporations ou particuliers, si l'une des parties le demande et si la valeur du litige est de 3.000 au moins ; il connaît aussi en premier ressort : 1ent des différends concernant l'heimathlosat, ou de ceux entre communes de divers cantons, concernant le droit de cité ; 2ent des causes pour lesquelles des lois spéciales le rendent compétent : 1° en matière d'expropriation pour la construction des chemins de fer, des contestations entre la Confédération et les compagnies de chemin de fer, des actions en dommages-intérêts entre elles ou contre des particuliers ; 2° des divorces, des mariages mixtes ; 3°en toute matière que la Constitution ou la législation d'un Etat fédéralement ratifiées placent dans sa compétence ; 4° lorsque les parties y consentent et qu'il s'agit de plus de 3.000 francs. Il statue en appel des décisions en dernier ressort des tribunaux cantonaux quand il s'agit de l'application des lois fédérales et que la valeur du litige est d'au moins 3.000 francs. Sa compétence criminelle est de plusieurs sortes ; il se divise alors en trois Chambres : celle d'accusation, celle criminelle, celle de Cassation. La chambre d'accusation a sous sa surveillance les deux juges d'instruction, elle se compose de trois membres. Celle de Cassation comprend le président du tribunal fédéral et quatre juges, elle connaît des recours en cassation, des demandes de révision et de réhabilitation dans les causes criminelles et du recours contre les jugements des tribunaux cantonaux relatifs aux transgressions des lois fiscales fédérales. Enfin, la Chambre Criminelle forme avec le jury les assises fédérales. Le territoire de la Confédération est divisé en cinq arrondissements d'assises ; douze jurés sont adjoints au tribunal fédéral ; ces jurés sont élus dans les cantons par le peuple, puis sur cette liste on procède à un tirage au sort. La compétence de la Cour d'Assises fédérale porte : 1° sur les cas de haute trahison envers la Confédération, de révolte ou de violence contre les autorités fédérales ; 2° sur les crimes et délits contre le droit des gens ; 3° sur les crimes et délits politiques qui causent une intervention fédérale ; 4° sur les faits à la charge des fonctionnaires nommés par une autorité fédérale quand cette autorité en saisit le tribunal ; 5° sur les cas que la constitution d'un Etat fait rentrer dans sa compétence, si l'Assemblée fédérale y a consenti ; mais tous les crimes et délits de droit commun ressortissent à la juridiction cantonale. Le tribunal fédéral, en outre, a compétence en matière de conflits et de contestations de droit public, en particulier sur : 1° ceux de compétence entre les autorités fédérales et les autorités cantonales ; 2° les différends entre cantons, quand ils sont du domaine du droit public ; 3° les demandes d'extradition, si l'application du traité est contestée ; 4° les recours formés par les particuliers et les corporations contre la violation des droits garantis par la Constitution en matière fédérale, ou par les constitutions cantonales, ou la violation de conventions et concordants internationaux, ainsi que des traités avec l'étranger. Les conflits de compétence entre le tribunal fédéral et le conseil fédéral sont jugés par l'Assemblée fédérale.

Telle est l'organisation du gouvernement fédéral indirect ou délégué.

Mais à côté et au-dessus se pose le même gouvernement fédéral direct qui est retenu par le peuple, et consiste dans les votations populaires. Ce gouvernement direct qui existe aussi en matières cantonales forme une des particularités de la Suisse.

Le droit de votation concerne : 1° la révision constitutionnelle fédérale ; 2° les lois et décrets fédéraux.

En ce qui concerne la révision de la Constitution fédérale, le peuple a l'initiative, pourvu que cette révision soit demandée par 50 000 citoyens. Alors la question de savoir s'il y a lieu à la révision doit être votée d'abord par oui ou par non ; si la majorité est dans le sens de l'affirmative, on nomme une assemblée constituante *ad hoc*, laquelle rédige une constitution qui, une fois votée est soumise à l'approbation du peuple. Si l'initiative part de l'un des deux Conseils, et qu'ils ne puissent se mettre d'accord, le peuple décide d'abord l'opportunité de la révision, puis en cas d'affirmative, on procéde comme ci dessus. Il faut l'approbation de la majorité des citoyens et de la majorité des Etats.

En ce qui concerne les lois et décrets fédéraux, les cantons représentés par leurs autorités ont le droit d'initiative, par correspondance avec l'assemblée fédérale et le conseil fédéral. Mais le droit le plus important en cette matière est celui du *referendum*, il peut être demandé sur les lois et décrets votés par l'Assemblée, soit par 30 000 citoyens, soit par 8 cantons ; cette demande doit être faite dans les 90 jours de la publication de la loi ou de l'arrêté dans la feuille fédérale. On procède alors à une votation populaire ; la loi est adoptée si elle réunit la majorité des votants.

Telle est l'organisation du lien fédéral en Suisse. Pour tout ce qui n'est pas fédéral, les cantons restent indépendants. Il est utile d'indiquer la structure de l'un d'eux pour voir fonctionner son autonomie.

Nous prendrons pour exemple celui de Genève. Le gouvernement y est direct et indirect à la fois.

Le gouvernement indirect ou représentatif comprend les trois fonctions ordinaires, la législative, l'exécutive, la judiciaire.

Le pouvoir législatif est exercé par le Grand Conseil ; le pouvoir exécutif, par le Conseil d'Etat. Le Grand Conseil se compose de députés élus par tous les citoyens ; il partage avec le Conseil d'Etat le droit d'initiative des lois. C'est le Conseil d'Etat qui promulgue, mais il peut auparavant représenter la loi au Grand Conseil avec ses observations dans le délai de six mois. Le Grand Conseil vote les impôts, les dépenses, arrête les comptes, a le droit de grâce et d'amnistie, fixe les traitements, fait les concordats ou traités inter-cantonaux, nomme les membres des tribunaux. Enfin il participe à la législation fédérale par son droit propre de *referendum* et par la nomination de députés au Conseil des Etats.

Le pouvoir exécutif est exercé par le Conseil d'Etat composé de sept membres élus par tous les citoyens ; il nomme chaque année un président et un vice-président ; chaque conseiller d'Etat est pourvu d'un ministère différent, il y a là un véritable Conseil des Ministres. Les conseillers assistent aux séances du Grand Conseil ; ils ont l'initiative des lois, nomment et révoquent les fonctionnaires, font les réglements de police, ont la surveillance des cultes et de l'instruction publique, nomment les officiers, et présentent chaque année le compte des finances.

Le pouvoir judiciaire se compose des juges de paix, d'un tribunal civil et d'un tribunal de commerce, d'une cour de justice formant juridiction d'appel ; au criminel, d'une Cour de Justice qui statue avec un jury plus ou moins nombreux suivant qu'il s'agit de crimes ou de délits, et enfin d'une Cour de Cassation. Tous les juges sont nommés par le Grand Conseil pour quatre ans. En outre, à côté du juge pris parmi les juriconsultes, siège un assesseur pris dans l'ensemble des citoyens.

Tel est le gouvernement cantonal indirect. Celui qui eet direct consiste dans les votations populaires. Ces votations ont lieu en matière fédérale, comme nous l'avons vu pour : 1° l'élection de députés au Conseil national ; 2° celle des jurés fédéraux ; 3° l'initiative de révision constitutionnelle ; 4° l'adoption de la constitution révisée, le droit de demander le *referendum* sur les lois et arrêtés fédéraux. Mais elle a lieu aussi en matière cantonale non seulement pour l'élection des membres du Grand Conseil et du Conseil d'Etat, ce qui rentre dans l'établissement du pouvoir indirect, mais aussi directement en ce qui concerne la constitution et aussi les lois et décrets.

En ce qui concerne la constitution, tout projet de changement doit d'abord être délibéré et voté par le Grand Conseil, puis soumis dans le mois à la sanction des électeurs ; en outre, tous les 15 ans, la question de la révision totale leur est posée ; si la majorité vote affirmativement, la révision est faite par une Assemblée Constituante, puis soumise au vote populaire.

En matière de lois et arrêtés législatifs, ceux votés par le Grand Conseil sont soumis à la votation populaire, lorsque le *referendum* est demandé par 3.500 électeurs dans les trente jours de la publication ; il en est de même relativement à la loi de finances, pour les nouveaux impôts ou les augmentations d'impôts et pour les emprunts.

Telle est l'organisation de l'autonomie cantonale de Genève, on voit qu'elle est complète, tout le domaine législatif lui est réservé ; au point de vue administratif, aucune tutelle n'est exercée par la Confédération.

Au-dessous du canton se trouve la commune. Elle aussi est autonome. Examinons la structure d'une commune du même canton.

Chacune des communes du canton de Genève est administrée : 1° par un Conseil municipal nommé par tous les électeurs ; 2° par un maire et des adjoints nommés aussi par tous ; à Genève le maire est remplacé par un conseil administratif de cinq membres.

Le Conseil municipal peut être dissous par le Grand Conseil ; ici se fait sentir l'influence du canton sur la commune. Il délibère et statue sur le budget communal et le compte annuel, sur le mode d'administration et de jouissance des biens communaux et sur les baux à passer, sur les transactions et les actions judiciaires, sur les aliénations, échanges, partages et acquisitions d'immeubles, sur les donations et legs faits à la commune, sur les constructions, les ouvertures de chemins et rues, l'expropriation pour utilité communale, les alignements et la voirie, sur l'entretien des routes et la répartition des prestations en nature ; il peut voter des impositions sous forme de centimes additionnels. Toutes ces décisions sont exécutoires de plein droit. Cependant quelques-unes sont soumises à la tutelle administrative du Conseil d'Etat. Ce sont celles relatives ; 1° au budget et au compte, aux dépenses votées dans l'année en dehors du budget et qui excéderaient un dixième des recettes ; 2° à l'aliénation, à l'échange ou au partage d'immeubles et aux baux de plus de neuf ans ; 3° aux legs et donations contenant charges ; 4° à l'ouverture et à la suppression des chemins ou rues ; 5° à l'expropriation pour cause d'utilité communale ; 6° aux contributions annuelles excédant les ressources ordinaires lorsqu'elles ont certaines destinations ; en outre, le Conseil d'Etat peut inscrire d'office au budget certaines dépenses ; 7° aux établissements ou modifications d'octroi ; 8° aux emprunts. Le Conseil d'Etat détermine le mode de comptabilité des communes, celui de la tenue des registres, et il a le droit d'annuler les délibérations irrégulières ou qui constituent une usurpation de pouvoirs. Enfin le Grand Conseil cantonal peut dissoudre le Conseil municipal.

Le pouvoir exécutif est confié au Maire, mais celui-ci représente en même temps le pouvoir central, et comme tel exerce la police judiciaire et administrative et les fonctions d'officier de l'état civil. Il peut être révoqué par le Conseil d'Etat pour refus d'obéir aux ordres, malversation, ou absence prolongée.

Comme on le voit, le lien entre le canton et la commune est très resserré, et il y a véritable tutelle ; seulement elle est exercée par un Conseil qu'élisent les électeurs cantonaux et non par de simples fonctionnaires. D'autre part, dans la commune il n'y a pas de gouvernement direct.

II. — FÉDÉRATIONS MONARCHIQUES

Les deux fédérations monarchiques Européennes sont : 1° l'Allemagne ; 2° l'Autriche. Lorsque la confédération est monarchique, elle prend le nom d'Empire.

EMPIRE ALLEMAND

L'Empire Allemand ne remonte qu'au 16 avril 1871. Il avait été précédé, pour une partie des Etats qui en font partie, par la Confédération du Nord, formée en 1867. Avant celle-ci, l'Allemagne se composait d'un certain nombre d'Etats tout à fait indépendants, et sans lien entre eux, autre que ceux de la langue et de la race. Historiquement, comme nous l'avons vu, le lien fédéral avait autrefois existé et avait été rompu à plusieurs reprises.

Les Etats ainsi fédérés sont l'Alsace-Lorraine, Anhalt, Bade, Bavière, Brême, Brunswick, Hambourg, Hesse, Lubeck, Lippe, les deux Mecklembourg, Oldenbourg, la Prusse, les deux Reuss, Saxe-Royale, Saxe-Altenbourg, Saxe-Cobourg-Gotha, Saxe-Meiningen, Saxe-Weimar, Sondershaus, Lippe, Schwartzbourg Rudolstadt, Schwarzbourg, Waldeck, Wurtemberg. Chacun d'eux possède, non des Conseils Généraux, mais des Parlements. a le pouvoir de légiférer et jouit d'une véritable autonomie. L'Empire n'est que le lien fédéral. Cependant nous verrons qu'en s'attribuant le droit de faire les lois, même non fédérales, les plus importantes, l'Empire a fait une brèche profonde à l'autonomie des Etats.

Voici quelles sont les matières fédérales : 1º ce qui concerne l'indigénat, sauf en Bavière, le droit de bourgeoisie, les passe-ports et la police des étrangers, l'exercice d'une profession, la colonisation et l'émigration hors de l'Allemagne ; 2° la législation des douanes, du commerce et des impôts applicables aux besoins de l'Empire, à savoir : le sel, le tabac, les eaux-de-vie et bières, les sucres de betterave ; 3° le système des poids et mesures et des monnaies, la fixation des principes sur l'émission du papier-monnaie ; 4° les prescriptions générales sur les banques : 5° les brevets d'invention ; 6° la protection de la propriété des œuvres de l'esprit ; 7° l'organisation d'une protection commune du commerce allemand à l'étranger, de la navigation et du pavillon allemand sur mer et la constitution d'une représentation consulaire ; 8° les chemins de fer et toutes les voies de communication par terre et par eau ; 9° le flottage et la navigation sur les cours d'eau communs à plusieurs États, leur régime et les taxes à prévenir ; 10° les postes et les télégraphes ; chaque État garde la nomination des employés inférieurs ; 11° les prescriptions sur l'exécution réciproque des décisions en matière civile, et sur l'exécution des réquisitions ; 12° la foi due aux actes authentiques ; 13° l'organisation militaire et maritime ; les officiers et employés de la marine sont tous nommés par l'empereur, ainsi que les officiers supérieurs, commandant les contingents formés par chaque État et les commandants de place ; 14° les règlements de police touchant à la médecine et à l'art vétérinaire ; 15° les prescriptions sur la presse et le droit d'association ; 16° enfin, ce qui est très remarquable et ce qui forme brèche dans l'autonomie des Etats, la législation commune sur le droit des obligations, le droit pénal, le droit commercial, le droit applicable au change et à la procédure judiciaire ; plus tard en 1873, cette attribution a été étendue à l'ensemble du droit civil, au droit pénal et à la procédure.

Voici maintenant quels sont les organes de la fédération.

Le pouvoir législatif fédéral se compose du reichstag ou parlement et du bundesrath, conseil fédéral. Le premier se compose de 297 membres nommés pour trois ans par le suffrage universel de tous les Allemands, répartis entre tous les Etats, mais proportionnellement à leur population. Il a une session par an, peut être dissous par le Conseil Fédéral, d'accord avec l'Empereur ; le Chancelier et les Membres du Conseil fédéral ont droit d'y prendre la parole. Il a l'attribution de proposer les lois, mais il faut le consentement du Conseil Fédéral, et l'Empereur a un droit de véto.

Le Conseil Fédéral se compose des représentants des Etats ; chaque Etat n'en a pas le même nombre. Outre ses attributions législatives qui consistent non seulement à voter les lois, mais à défendre ses projets devant le reichstag, le Conseil Fédéral a des attributions judiciaires. Il ordonne contre les Etats l'éxécution fédérale, il statue sur les conflits entre les différents Etats.

Le Gouvernement administratif fédéral appartient à l'Empereur et à ses ministres. C'est lui qui représente l'Empire, déclare la guerre et fait la paix, conclut les traités et les alliances ; cependant le concours du Conseil fédéral est nécessaire pour une déclaration de guerre, sauf le cas d'attaque du territoire. Il nomme et révoque les employés ; il a la présidence du Conseil fédéral par son Chancelier ; il accomplit la contrainte fédérale ordonnée par le Conseil fédéral ; il peut déclarer l'état de siège. Le Chancelier nommé par lui préside le Conseil fédéral.

Il n'y a pas de tribunal fédéral proprement dit, c'est-à-dire chargé de statuer en matière fédérale, mais il existe une juridiction commune à tout l'Empire, c'est la Cour suprême, dont les Membres sont nommés par l'Empereur sur la proposition de Conseil Fédéral ; elle connaît en matière civile de la révision des jugements définitifs des tribunaux régionaux supérieurs et des recours contre leurs décisions en matière criminelle, elle fonctionne comme haute Cour de Justice, instruit et juge les crimes de haute trahison et de trahison envers l'Etat, lorsqu'ils ont été commis contre l'Empereur ou contre l'Empire. Elle fonctionne aussi comme tribunal de révision, et connaît des demandes en révision formées contre les jugements des chambres correctionnelles, lorsque le motif est la violation d'une loi d'Empire, et sur les demandes en révision contre les arrêts des Cours d'Assises, et aussi en matière d'infractions aux réglements sur la perception des impôts échus au

Trésor de l'Empire et sur la révision des jugements rendus sur appel par les chambres correctionnelles lorsque le Ministère public aura conclu au renvoi devant elle. Elle est compétente enfin : 1° sur ordonnance impériale rendue à la demande d'un Etat confédéré, et avec l'assentiment fédéral, pour juger les conflits entre les tribunaux de juridiction ordinaire et les tribunaux administratifs d'un Etat ; 2° pour régler la compétence de tribunaux appartenant à différents Etats.

Tel est l'organisation du lien fédéral.

Décrivons maintenant celle de l'autonomie de chaque Etat ; nous prendrons pour exemple la Prusse.

En Prusse, le pouvoir législatif est exercé par deux chambres : celle des Seigneurs, composée de·membres de naissance et d'autres nommés par le roi à vie et celle des Députés nommés pour trois ans par le suffrage à deux degrés ; tous les citoyens sont électeurs primaires. Chacune des Chambres a l'initiative. La constitution est modifiée par voie législative ordinaire. Les Ministres peuvent être accusés par l'une des deux Chambres. Tout le pouvoir législatif appartient à ces Chambres, sauf ce qui en a été distrait au profit de l'Empire. Le Roi peut les dissoudre toutes les deux ou l'une d'elles seulement. La sanction du roi est nécessaire.

Le pouvoir administratif est exercé par le Roi, ses ministres et ses fonctionaires.

Le pouvoir judiciaire l'est par les tribunaux régio-

naux supérieurs et autres tribunaux dont l'énumération n'aurait pas d'intérêt ici.

Au-dessous des Etats se trouvent les Provinces. La
Prusse en comprend douze. Chaque province possède : 1° une diète provinciale élue par les diètes de
cercle ; 2° un comité permanent, délibérant et exécutif, dont les Membres sont élus par la Diète, avec un
directeur de province dont la nomination doit être
ratifiée par le Gouvernement. Le pouvoir central ou
d'Etat, y est représenté : 1° par le Président supérieur,
nommé par le roi ; 2° par un Conseil provincial
composé en partie de fonctionnaires et en partie de
membres élus par le comité permanent de la Diète ·
L'élection des députés se fait dans les cercles ruraux par les diètes de ces cercles, et dans les cercles
urbains, par le Magistrat et par l'assemblée des délé ·
gués de la ville ou le collège des représentants municipaux réunis sous la présidence du bourgmestre ;
tout citoyen de l'empire est éligible. Les députés sont
élus pour six ans. La diète peut être dissoute par le
roi. Ses attributions sont nombreuses : elle statue
sur tout ce qui concerne la province, mais n'a pas de
pouvoir législatif. Elle choisit les fonctionnaires supérieurs, élit les membres de son comité permanent,
fixe le budget provincial. Mais la province est soumise
à la tutelle administrative, il faut la sanction du roi
pour toute disposition statutaire, celle des ministres,
pour les emprunts, les impositions provinciales qui
dépassent un certain chiffre, les nouvelles charges,
les règlements sur certains établissements publics et

ceux sur les rapports de service des fonctionnaires ;
si la diète refuse de fournir des prestations imposées,
elle y est contrainte sur l'ordre du tribunal administratif supérieur, lequel annule aussi les délibérations
illégales.

Le Comité provincial se compose d'un président et
de sept à treize membres et du directeur de la province, élus par la diète. Il prépare les décisions,
nomme les employés et administre.

Le pouvoir administratif est exercé par le directeur
de la Province, choisi par la diète, sauf sanction du
roi, pour dix à douze ans.

Ce qui est très remarquable, c'est la représentation
de l'Etat auprès de la Province. Cette représentation
est faite d'abord par le Conseil Provincial lequel se
compose du président supérieur de la province,
d'un fonctionnaire supérieur de l'administration
nommé par le Ministre de l'intérieur et de cinq
membres élus par le comité provincial dans son
sein. Il a la surveillance générale, et celle aussi
des affaires d'intérêt commun des cercles et des communes ; beaucoup de pouvoirs de détail lui sont conférés par la loi. Le Président supérieur a le droit
de prendre des arrêtés de police.

Au-dessous de la Province se place une unité inférieure : le district ; mais cette unité, comme nos arrondissements, n'est qu'à demi organisée. Le district
n'a ni diète, ni comité. On y trouve seulement un
Conseil de district qui correspond au Conseil Provincial, et un président de régence qui correspond

au président supérieur. Il renferme aussi un tribunal administratif. Le conseil de district se compose
du président de régence et de quatre membres élus
par le comité provincial. Il a une surveillance générale sur le district, et en outre, exerce la tutellé administrative sur les diètes de cercles ; ses autres attributions multiples sont très variées. En outre, il
statue sur tous les appels formés contre les décisions
des tribunaux de cercle. Le président de régence
préside le conseil de district ; il est le supérieur hiérarchique de l'administration du cercle et connaît
des recours contre ses décisions. Enfin le tribunal
administratif dont les membres sont élus les uns par
le roi, les autres par le conseil provincial, statue sur
les appels interjetés contre les jugements rendus au
contentieux par les comités de cercles ; il a aussi une
compétence directe dans des cas nombreux.

Au-dessous se trouve le cercle. On distingue le
cercle rural et de cercle urbain. Nous ne nous occuperons que du premier. Il possède une diète de cercle
et un comité permanent. Mais il n'y a pas de conseil
de cercle ; ses fonctions sont remplies par le Comité
permanent. Le pouvoir central est représenté par un
administrateur ou landrath. La diète de cercle
(Kreistag) se compose de membres élus en partie directement, en partie par le suffrage à deux degrés.
Elle se réunit deux fois par an sur la convocation du
landrath ; elle s'occupe des intérêts communs du
cercle ; celui-ci a son budget spécial. Elle est soumise
à la tutelle administrative, ses décisions doivent être

approuvées par le roi pour les réglements statutaires, par le ministre pour l'aggravation ou la diminution des charges de certaines parties du cercle et pour les contributions dépassant un certain chiffre, par le conseil de district pour les aliénations immobilières, les emprunts et les impositions de charges nouvelles.

Le Comité se compose du landrath et de six membres élus par la Diète de cercle. Son rôle est très important ; il est chargé de préparer toutes les affaires, de nommer les employés, d'administrer, de dresser le projet du budget, etc. Il exerce, en outre, la tutelle administrative sur la commune dont il approuve les aliénations et les emprunts. D'autre part, il forme un tribunal administratif de cercle.

Au-dessous vient le bailliage dans les cercles ruraux, bailliage qui comprend à son tour plusieurs communes. Il n'y a point de diète au bailliage, mais seulement un Comité et un bailli. Le comité se compose des représentants des diverses communes ; le nombre à envoyer par chacune est réglé par la Diète de cercle, mais elle doit avoir un député au moins ; les élections des membres élus par les communes sont validées par le comité de bailliage, sauf recours au comité de cercle. Il est soumis à la tutelle administrative. Les décisions relatives à la vente et aux emprunts doivent être approuvées par le comité de cercle. Le bailli est nommé par le président supérieur sur la présentation de la Diète du cercle. Il exerce la police ; il peut prendre dans ce but des arrêtés avec l'assentiment du comité de baillage.

Au-dessous et comme dernière unité se trouve la commune. Elle est administrée par un Conseil municipal élu au suffrage universel et un magistrat ou préposé.

Dans les provinces orientales de la Prusse, l'organisation diffère suivant qu'il s'agit de la ville ou de la campagne. Les villes ont un conseil élu par tous les citoyens sous certaines conditions cependant qui restreignent l'électorat. Dans les communes rurales, il n'existe pas toujours de conseil ; le plus souvent, c'est l'assemblée générale des électeurs qui délibère. Le conseil statue sur tout ce qui intéresse la commune et règle le budget. Il est soumis à la tutelle administrative pour les nouveaux impôts et les emprunts, cette tutelle est exercée, suivant les cas, par la régence, le président supérieur de la province ou le ministre de l'Intérieur.

Le Magistrat ou conseil exécutif de la commune se compose dans les villes, d'un bourgmestre, d'un adjoint et d'un certain nombre d'échevins. Dans les campagnes, le comité de direction comprend le chef de la commune et deux échevins. Ils sont élus pour six ans par l'Assemblée Générale de la Commune ou par le Conseil municipal ; l'élection doit être confirmée par l'administrateur du cercle.

Telles sont les diverses unités concentriques : Empire, Etat, Province, District, Cercle, Bailliage, Commune.

AUTRICHE

Nous avons vu en Allemagne déjà l'autonomie des Etats s'affaiblir du fait qu'on leur a retiré une partie de la fonction législative pour la concéder à l'Empire. L'affaiblissement est encore plus grand en Autriche à ce point de vue. Presque toutes les lois sont votées par le pouvoir fédéral ; cependant, en principe, le pouvoir législatif reste encore aux Etats ; ils ont même, théoriquement au moins, la plénitude de ce pouvoir.

Les provinces ou Etats sont des royaumes, des grands duchés et des comtés. Tout ce qui n'est pas spécialement attribué à l'Empire reste du domaine des Etats.

L'Empire a un pouvoir législatif et un pouvoir administratif.

Le pouvoir législatif fédéral est exercé par la Chambre des Seigneurs et la Chambre des Députés ; il n'existe pas de Chambre représentant les différents Etats, c'est une diminution considérable de l'autonomie de ceux-ci.

La Chambre des Seigneurs se compose des princes majeurs de la famille impériale, de membres à titre héréditaire, d'archevêques et d'évêques ayant rang de princes, de membres nommés à titre viager par l'Empereur. Elle n'est issue à aucun degré du suffrage, ne se relie pas particulièrement aux divers Etats et n'a pas d'attribution fédérale distincte. Celle des dé-

putés est nommée au suffrage restreint et par des
classes d'électeurs censitaires. Les affaires de la compétence du parlement fédéral, ou reichsrath, sous
la réserve, d'une part, des droits de la délégation
Austro-Hongroise, et d'autre part, de ceux des diètes
provinciales, sont nombreuses ; en voici la nomen-
clature qui établit la démarcation entre les affaires
fédérales et celles des Etats : 1° les traités politiques
ou de commerce entraînant des charges pour l'Empire, l'un des Etats ou les citoyens, ou modifiant le
territoire ; 2° le mode de prestation et la durée du
service militaire, le vote du contingent, les prescriptions relatives aux fournitures de vivres et de logement ; 3° le budget, le vote des impôts, l'examen
des comptes, l'émission des emprunts, la conversion
de la dette, l'aliénation ou l'engagement du domaine
immobilier, les affaires financières communes à tous
les pays ; 4° le système monétaire, les banques, la
douane et le commerce, les télégraphes, les postes et
les chemins de fer, la navigation ; 5° le crédit, les brevets d'invention, l'industrie, les poids et mesures, les
marques et modèles de fabrique ; 6° les matières mé-
dicales, d'épidémie et d'épizootie ; 7° la police des
étrangers, les passe-ports, le recensement ; 8° les
rapports confessionnels, les droits d'association et
de réunion, la presse, la propriété littéraire ; 9° les
bases d'un régime de l'enseignement et l'organisation
des universités ; 10° la législation en matière de justice criminelle et de police, de droit civil, sauf la tenue des registres publics, et de droit commercial,

maritime, des mines et des fiefs ; 11° les bases de l'organisation judiciaire et administrative ; 12° les lois dérivant de celles constitutionnelles sur les droits généraux des citoyens, le tribunal d'Empire, le pouvoir judiciaire et le pouvoir exécutif ; 13° les devoirs et les rapports respectifs des Etats ; 14° la législation relative à l'exécution du compromis avec la Hongrie.

Telle est la distinction entre les matières fédérales et les autres. Chaque Chambre vote la loi séparément, puis le projet est transmis à l'autre qui peut rejeter ou modifier, et renvoye à la première. A défaut d'entente, des Commissaires sont élus en nombre égal par chacune.

Il faut l'accord des deux Chambres et la sanction de l'Empereur pour que la loi soit définitive. S'il n'y en a pas sur une loi de finances ou de contingent militaire, c'est le chiffre le plus faible qui est admis. Le Reichsrath a un droit de présentation pour les places vacantes au tribunal d'Empire. Les Chambres ont chacune le droit de mettre les ministres en accusation, à la majorité des deux tiers des voix ; ils sont jugés par la haute Cour composée de membres élus pour six ans par chacune des Chambres ; il faut les deux tiers des voix pour condamner.

Le pouvoir exécutif fédéral est exercé par l'Empereur qui nomme et révoque les ministres, déclare la paix et la guerre, conclut les traités, a le droit d'initiative des lois.

Le pouvoir judiciaire fédéral est accordé au Tribunal d'Empire qui exerce la surveillance sur les Diètes et les provinces ; il juge les conflits entre ces diètes et l'Etat, et entre les différentes provinces, et ceux entre les autorités judiciaires et les administratives.

Un seul tribunal administratif existe pour tout l'Empire ; il est plutôt unitaire que fédéral. Il connaît des recours contre les actes émanant des fonctionnaires ou des administrations provinciales ou communales.

Une Commission mixte juge les conflits entre ces deux juridictions.

Au-dessous de l'Empire se trouvent les Etats autonomes. Ces Etats sont nombreux, savoir : la Bohême, la Dalmatie, la Galicie, la Domérie, avec le Grand Duché de Cracovie, les grands Duchés de Haute et Basse-Autriche, les duchés de Salzbourg, de Styrie, de Carinthie, de Carniole, de Bukowine, de Silésie, les margraviats de Moravie, d'Istrie, les comtés de Tyrol, de Goerz et Gradiska, le territoire de Vorarlberg, et Trieste. Chaque Etat est autonome et possède une Diète. Ces Diètes se composent de membres de droit non élus, et de membres élus par quatre catégories d'électeurs, elles ont un pouvoir législatif restreint, l'Empereur doit approuver les lois.

Un comité exécutif élu par chaque Diète exerce le pouvoir exécutif.

Le pouvoir central est représenté près de chaque Etat par un gouverneur nommé par l'Empereur, ce gouverneur a le titre tantôt de statthalter, tantôt de président. Il est chargé de la police de la presse, de la surveillance des théâtres, des associations, des travaux publics, de l'instruction publique, des établissements civils d'instruction et d'éducation, il a sous ses ordres la gendarmerie.

La diète possède des pouvoirs variés suivant les Etats, mais sans profondes différences. Elle a dans la Basse-Autriche pour attributions de statuer 1° sur tout ce qui concerne l'agriculture, les édifices publics, les établissements de bienfaisance, le budget de la province et les comptes ; 2° dans les limites des lois générales, sur les affaires communales, celles ecclésiastiques et scolaires, le logement des troupes ; 3° sur toutes autres affaires intéressant le bien-être et les besoins de la province ; elle doit donner son avis sur les lois déjà promulguées. Elle veille à la conservation des biens particuliers de la province et l'administre ; elle vote son budget, elle peut voter des centimes additionnels, jusqu'à concurrence de dix ; au-delà, la sanction impériale est nécessaire ; elle nomme et met à la retraite les employés provinciaux, exerce une tutelle sur les conseils communaux, nomme un conseil exécutif ou comité permanent.

Ce comité permanent se compose de six membres choisis en son sein par ordres pour six années ; il possède le pouvoir exécutif et administratif, dirige les affaires du Trésor provincial, surveille les fonctionnaires, met à exécution les décisions de la diète qu'il représente en justice. Le président a le droit de veto et celui de déférer la décision à l'Empereur.

Au-dessous de l'Etat ou province se trouve la

commune. Elle est administrée par un Conseil (ausschuss) ; ce Conseil élit dans son sein le *vorstand* exécutif composé de trois membres savoir : un bourgmestre et deux échevins. Il possède à peu près les mêmes attributions que notre Conseil municipal, mais il a la libre administration des affaires communales. La tutelle administrative s'exerce sur lui et consiste en ce que les centimes additionnels ne peuvent être votés sans contrôle au-delà d'une certaine limite, quelquefois très élevée : en Bukowine jusqu'à 50 et 60 centimes, au Tyrol sur les contributions directes jusqu'à 150 ; souvent il y a deux limites, la moins élevée peut être autorisée par la diète, la plus élevée, par le Reichsrath. Le gouverneur exerce aussi la tutelle en ce sens qu'il a le droit de dissolution, et qu'il doit autoriser quand il s'agit d'aliénation des propriétés communales et d'emprunter au-delà des revenus d'une année.

Entre l'Etat ou Province et la commune se trouve le district où est un Conseil ou commission de membres nommés par les différentes catégories d'électeurs.

La Justice, à l'exception de la Cour de Justice administrative et du tribunal d'Empire, est toute provinciale, cependant les juges sont partout nommés par l'Empereur.

Telle est l'organisation des divers pays, soit républicains, soit monarchiques, qui vivent sous le régime fédératif à des degrés divers. En effet, l'Etat ou province a plus ou moins d'autonomie. En Suisse et aux Etats-Unis d'Amérique, cette autonomie est à son maximum, car chaque Etat conserve sa législation propre, il n'a près de lui ni représentant ni surveillant du pouvoir fédéral, et il est représenté près de celui-ci par une Assemblée spéciale ; bien plus, chaque Etat possède sa Constitution distincte ; cependant une atteinte à cette autonomie est déjà portée par la Suisse qui déclare fédérale une partie de la législation. Le fédéralisme est fortement atténué lorsque c'est la fédération qui légifère ·pour l'ensemble des grands Codes, ou lorsqu'elle choisit le personnel judiciaire. Il l'est encore lorsque chaque Etat n'envoie plus auprès de la fédération de représentants spéciaux de la collectivité inférieure comme tels. Enfin l'Etat descend au rang de province, si la fédération y délègue un Gouverneur qui peu à peu remplace le Chef de la Province. Sans doute, l'unité intermédiaire existe encore, mais elle n'est plus souveraine dans sa sphère, ne s'occupe plus que d'intérêts locaux et aboutit à la situation de nos départements français. Ces transitions sont imperceptibles. Depuis les décentralisatious opérées en France, les départements se rapprochent des provinces et des Etats, mais cependant ne revêtent de nouveau aucune souveraineté parce qu'elles n'ont ni chef, ni fonctionnaires propres, ni représentation auprès de la nation ; leurs attributions judiciaires et législatives sont extrêmement ténues, et elles n'ont, au moyen de la tutelle administrative, qu'un faible fragment du pouvoir exécutif.

3° et 4° Des Etats unitaires avec ou sans tendance à la décentralisation..

Les pays unitaires sans aucune tendance à la décentralisation n'existent plus aujourd'hui. Mais ils étaient nombreux au commencement de ce siècle et comprenaient presque tous les Etats européens, en particulier, la France. Les Conseils Généraux n'étaient que de simples commissions, le Maire était nommé librement par le pouvoir exécutif ; l'autorisation du pouvoir central était nécessaire pour presque tous les actes du pouvoir provincial.

Ceux avec une tendance plus ou moins forte à la décentralisation ou décentralisés sont nombreux, et il n'y en a plus guères où la province ne tarde pas à reconquérir une autonomie telle qu'elle devient plus qu'une division administrative et a des organes nombreux, quoique incomplets. Nous prendrons pour type de ces Etats la France, ce qui aura plus d'intérêt d'ailleurs pour nous.

Le gouvernement en France a fait l'objet de déconcentration, puis de décentralisations successives. Il faut distinguer l'autonomie départementale et l'autonomie communale.

En ce qui concerne la première, dans l'état de la législation actuelle, le département n'a pas le droit de légiférer, ce droit n'appartient qu'à l'Etat ; il ne peut même faire de réglement administratif, c'est à un représentant de l'Etat, le Préfet, que ce droit est dévolu. D'autre part, la justice n'est jamais départementale, mais toujours nationale. Reste le pouvoir d'administrer.

Ce pouvoir n'est pas entièrement concédé au département, ou du moins il ne l'exerce dans beaucoup de cas que sous le contrôle ou avec l'approbation, soit des Ministres de la Nation, soit du Préfet qui les représente localement ; enfin il est quelquefois soumis sur ce point à la surveillance du pouvoir législatif national. La détermination exacte de ces entraves nous entraînerait trop loin, nous ne devons que rappeler ici les principes. Le Conseil Général statue en règle générale, sauf le veto du Préfet qui doit intervenir dans les vingt jours ; sur quelques autres objets, il statue, sauf veto par un décret dans les trois mois. Sur les autres matières il ne peut exprimer que des vœux. Il vote chaque année les centimes additionnels légaux et des centimes extraordinaires dans les limites fixées aussi chaque année par la loi de finances et des emprunts remboursables dans les quinze ans ; au-delà, toute contribution extraordinaire et tout emprunt doivent être autorisés par une loi. Il délibère le budget, mais celui-ci doit être approuvé par décret ; il règle les comptes de l'exercice écoulé, mais sous la même approbation.

Il peut être dissous par un décret ; ses délibérations illégales peuvent être annulées, cela constitue la tutelle administrative. A son tour, il exerce une partie de cette tutelle à l'encontre des communes.

On voit que le Département est sous la dépendance étroite de l'Etat. Il l'est d'autant plus qu'il possède un

Conseil délibérant, il n'a pas de chef. Plus exactement, un chef lui est imposé par l'Etat, c'est le Préfet, ce qui forme une légère intrusion de l'Etat dans le Département.

La loi de 1871 a atténué cette rigueur en créant la Commission départementale composée de délégués nommés par le Conseil Général, commission permanente qui donne son avis au Préfet, surveille sa gestion, décide le provisoire, rend compte au Conseil lors de ses sessions. Le Préfet n'est donc plus maître absolu de la situation dans les intervalles, et la Commission forme un véritable directoire de département.

Le Département, si faiblement constitué qu'il soit, participe au gouvernement national de deux manières. Les délégués du Conseil Général concourent avec d'autres électeurs à nommer les Sénateurs; d'autre part, en cas de dissolution illégale du Parlement, les Conseils Généraux se réunissent de plein droit, nomment deux délégués qui se réunissent à ceux des autres et remplacent le Parlement absent.

Telle est la faible autonomie de notre département; elle a été pourtant jadis beaucoup plus faible, et l'institution de la commission départementale l'a sensiblement relevée. D'autre part, l'approbation par décret était autrefois nécessaire pour tous les actes dépassant ceux du détail de l'administration; on transporta ce droit en partie au Préfet, ce fut la déconcentration, puis au conseil général, ce fut la décentralisation. Mais le département manque toujours de chef choisi par lui, et la tutelle administrative reste presque complète.

L'autonomie communale est presque aussi faible. Les principes sont les mêmes que ceux que nous venons d'exposer. Mais sur un point important la commune est plus autonome. Elle a un chef élu par elle par l'intermédiaire de son conseil municipal ; ce chef est le maire qui représente bien encore l'Etat en même temps que la commune, mais tout d'abord celle-ci ; de ce côté, l'Etat subit même une certaine dépendance. Mais la tutelle administrative est plus lourde encore que celle que subit le Département, elle est même double, car non seulement l'Etat, mais le département lui-même, exercent chacun leur tutelle distincte sur la Commune. Enfin la Commune française n'a point de Comité permanent nommé par le Conseil municipal, il est vrai qu'elle en a moins besoin, le Maire étant choisi par elle.

5° Des Etats retournés de l'unitarisme à la fédération.

Ces cas sont assez rares, car si de la situation d'unitarisme on revient presque forcément à une fédération mitigée sous le nom de décentralisation, on a fait plus difficilement retour, jusqu'à notre époque, à l'état de fédération véritable, car la concentration semble définitive. Il n'en est rien cependant, et il est possible que la restitution des fédérations transformées soit le droit de l'avenir. En attendant, on en peut citer quelques exemples ; un tout récent est celui du Brésil qui de l'unitarisme a fait retour à la fédération complète.

6° Des Etats retournés de l'unitarisme à l'isolement.

Ce retour a lieu par sécession. Une tentative dans ce sens a été faite entre les divers Etats des Etats-Unis d'Amérique, au moment de la guerre de sécession. Le sud tendait à se séparer du nord.

Les Pays-Bas d'abord réunis se sont ensuite séparés en deux royaumes distinctes : la Hollande et la Belgique. De même le Portugal s'est séparé de l'Espagne.

Nous ne comprenons pas ici les tentatives de sécessions faites par l'Irlande, la Bohême, la Pologne, parce qu'il ne s'agit pas de provinces, mais de nations différentes.

Isolement, fédérations, unitarisme entre nations.

Il se produit entre nations, ce que nous venons d'observer entre provinces, des raréfactions et des condensations successives. La fédération que nous avons surtout à observer dans cette étude n'est pas seulement intranationale, mais aussi internationale ; elle tend à réunir ensemble le genre humain, d'abord par fractions, puis dans son ensemble.

1° Nations isolées.

Ce cas demande peu d'observations. La plupart des nations sont isolées ; ainsi se trouvent, par exemple, l'Espagne, le Portugal, l'Angleterre, en ce sens qu'elles ne forment pas de conglomérat plus ou moins resserré.

Mais plusieurs de ces nations isolées ont, au moyen de la colonisation, les rapports de demi-fédération, non consensuelle, mais naturelle, avec leurs descendants coloniaux séparés de la métropole. On peut comparer cette génération sociale à la génération biologique, au moins, celle par scissiparité. Un rameau se détache de la mère-patrie et va prendre racine ailleurs. Mais de longs rapports s'établissent entre la mère-patrie et la colonie, c'est ce système que nous avons déjà décrit.

Presque toutes les nations Européennes ont eu et ont ces colonies. L'Angleterre surtout en offre un remarquable exemple. Outre les petites colonies qui en dépendent, elle a fondé de grands pays : les Etats-Unis d'Amérique, l'Inde, l'Australie. La fédération intérieure existe entre tous ; d'où le nom très juste d'Impératrice conféré à la Reine d'Angleterre. Il y a là un Empire *sui generis*, un empire intérieur. Nous verrons que le vrai Empire est extérieur, renfermant des nations différentes. C'est donc plutôt une fédération de provinces, mais une fédération hégémonique.

A mesure que ces grandes colonies ont grandi, elles se sont détachées de la mère-patrie. C'est ce qui est arrivé pour les Etats-Unis à la suite de la guerre d'indépendance ; malgré la communauté d'origine aucun lien n'existe plus. La même transformation tend à s'accomplir pour l'Australie. Ce pays immense d'un côté se sépare peu à peu de l'Angleterre, d'autre côté tend à former une confédération dont les bases sont déjà jetées. L'Inde seule reste dans une dépendance étroite, mais son tour viendra. De plus petites colonies, comme la Nouvelle-Zélande, prennent aussi vis-à-vis de l'Angleterre une grande autonomie.

L'Espagne se trouve dans une situation pareille. Elle a procréé par scissiparité toutes les Républiques Hispano-Américaines du sud et du centre de l'Amérique, ainsi que le Mexique. Toutes se sont séparées d'elle peu à peu, de sorte qu'il n'existe plus aucun lien, si ce n'est celui d'origine et de langage. Mais longtemps il y a eu fédération ayant pour origine la filiation.

De même le Portugal a procréé en Amérique le Brésil devenu indépendant, et ailleurs de nombreuses colonies, mais qui sont restées parties intégrantes de la métropole.

La France a eu le même processus par rapport au Canada, conquis, il est vrai, plus tard, par l'Angleterre, mais qui sous le nom de Dominion a repris sa propre indépendance et est devenu fédératif. Elle joue le même rôle dans l'Indo-Chine. Ce pays deviendra une seconde France, mais il est appelé à s'en détacher plus tard lorsque la communication de civilisation Européenne aura eu lieu, comme les Etats-Unis se sont détachés de l'Angleterre.

Au contraire, les possessions très rapprochées, comme l'Algérie l'est de la France, ont une tendance à s'absorber peu à peu dans la métropole, et alors il y a agrandissement plutôt que filiation véritable.

2. *Nations fédérées.*

La fédération entre nations peut, comme nous l'avons dit, s'accomplir par voie directe ou par voie indirecte. Celle par voie directe comprend : 1° la simple alliance, 2° la fédération volontaire, 3° la fédération forcée.

Nous commencerons par la fédération par voie indirecte.

Fédération entre nations par voie indirecte, ou du lien personnel.

Il faut entendre par lien personnel, celui qui relie deux Etats tout à fait différents et de races distinctes. Cette union personnelle a bien existé autrefois entre deux provinces (mariage de Ferdinand et d'Isabelle en Espagne, de Charles VIII et d'Anne de Bretagne en France) ; mais ce n'est pas celle qui nous occupe ici où il s'agit d'unions entre nations. Ce lien consiste en ce que le même souverain et la même dynastie se trouvent à régir les deux pays. Par là même ceux-ci ne peuvent plus se combattre, ils ont contracté mutuellement une alliance perpétuelle, et ont ainsi des intérêts communs qu'il faut régler d'accord.

Le lien personnel existe entre 1° l'Autriche et la Hongrie, 2° la Hongrie et la Croatie-Slavonie, 3° la Suède et la Norvège, 4° l'Irlande, l'Ecosse et l'Angleterre, 5° la Russie et la Finlande.

Entre l'Autriche et la Hongrie, le lien personnel

entraîne un lien réel, quoique très faible. Tous les organes existent indépendamment dans les deux pays. Mais il y a sur certains points un gouvernement commun, lequel est exercé par les Délégations.

Les affaires communes sont : 1° les affaires étrangères, principalement au point de vue de la représentation diplomatique et commerciale à l'étranger, 2° les affaires militaires, y compris la marine de guerre, mais non le vote du contingent, ni le service militaire, 3° les finances, pour pourvoir aux dépenses ci-dessus. Au contraire, ne sont pas traités en commun, mais uniformément en vertu d'une entente, ce qui est différent : 1° les affaires commerciales et la législation douanière, 2° la législation sur les impositions indirectes, ayant un lien avec celle industrielle, 3° le règlement du système monétaire, 4° les lignes de chemin de fer qui intéressent les deux pays, 5° l'établissement du système défensif. La répartition des dépenses communes est faite par les délégations, les voies et moyens ne concernent que chaque pays, mais le mode de remboursement d'un emprunt doit être traité en commun. Les deux pays forment un seul territoire douanier. Les sociétés par actions de l'un d'eux peuvent opérer dans l'autre. Les brevets d'invention sont valables dans tout l'Empire ; de même, les droits relatifs aux marques de fabrique et à la propriété littéraire. Parmi les affaires communes il faut ranger aussi les chemins de fer, les impôts sur le sel, le tabac, la bière, le sucre, la question monétaire, le système métrique des poids et mesures, les affaires postales et de télégraphes, la navigation, le droit maritime, la pêche maritime, la police sanitaire.

Les organes de cette union qui doivent décider des affaires communes sont les délégations. Il y en a deux, l'une pour l'Autriche et l'autre pour la Hongrie ; chaque délégation délibère et décide séparément, mais cependant peut proposer le vote en commun, proposition qui ne peut être repoussée par l'autre, après échange de trois communications. Dans chacune la décision est prise à la majorité simple, mais lorsqu'elles se réunissent, il faut celle des deux tiers. Pour toutes les lois on doit obtenir l'accord des deux délégations et en outre la sanction de l'Empereur.

L'administration appartient à un ministère commun, il n'y a que trois ministères : affaires étrangères, guerre et finances.

Il est assez curieux que par sécession on ait passé ici d'un gouvernement centralisé à un état dont le lien est plus lâche que celui de la fédération.

L'union personnelle se réalise entre la Hongrie et la Croatie-Slavonie d'une manière un peu différente. Il n'y a qu'un seul parlement ; le parlement Hongrois, et les députés croates viennent y siéger ; il règle les affaires communes. Mais pour tout ce qui n'est pas tel, la Croatie possède une Diète, laquelle précisément délègue un certain nombre de députés au Parlement hongrois pour les affaires d'intérêt commun, c'est-à-dire les finances, les travaux publics, les affaires étrangères, la réserve territoriale. Quant aux autres affaires, la Diète les règle souverainement.

Le pouvoir exécutif appartient au ban ou gouverneur nommé par le roi de Hongrie.

Entre la Suède et la Norwège, le lien personnel est encore beaucoup plus lâche ; l'union dure depuis 1815, mais chaque pays a son gouvernement et sa législation distincts ; il y a deux parlements et deux ministères. Mais ces Parlements délèguent cependant des Commissaires chargés de régler ce qui concerne la transmission de la couronne, et les Conseils des Ministres et les Conseils d'Etat des deux pays se réunissent pour certaines délibérations de politique extérieure.

En Russie et en Finlande, le lién est absolument personnel depuis la réunion opérée en 1809 par le traité de Frederikshaven. Le Parlement et les autres organes politiques sont distincts et les législations sont essentiellement différentes.

L'union entre la Russie et la Pologne est plus étroite, et quoique ce soit une union forcée, ce n'en est pas moins l'union personnelle, la Pologne ayant conservé ses lois propres.

L'union entre l'Angleterre, l'Ecosse et l'Irlande se réalise d'une manière spéciale. Il n'y a qu'un seul parlement pour les trois pays. Mais les lois ne sont pas les mêmes, ni l'administration intérieure dans chacun d'eux ; l'organisation judiciaire est différente aussi. Quelquefois cependant les lois anglaises sont étendues aux deux autres pays.

Le lien personnel s'est souvent réalisé par le mariage de deux souverains, mais ce n'est pas le mode unique. Il suffit pour que cette sorte de lien existe que le même souverain soit distinctement le chef de deux royaumes.

Un des exemples historiques de lien personnel est celui de Charles-Quint qui réunit sur sa tête les couronnes d'Espagne, de Naples et des Pays-Bas, mais nous reviendrons un peu plus loin sur ce fait, parce qu'il a eu une plus haute portée, la couronne impériale étant venu s'y ajouter avec sa signification spéciale.

Fédération entre nations par voie directe.

Il ne s'agit plus ici d'union personnelle (*tu felix Austria nube*) mais de celle par voie d'union réelle. Il y a trois sortes de fédérations de ce genre : 1º la simple alliance, 2º la fédération volontaire, 3º la fédération forcée.

La simple alliance, soit offensive, soit simplement défensive, et celle commerciale ne sont jamais qu'à temps et toujours révocables. Les exemples historiques d'alliance sont nombreux et trop connus pour que nous les rappelions ici. Il suffit de mentionner les faits contemporains de la Triple Alliance et de l'entente Franco-Russe. On peut citer aussi en Amérique l'application de la doctrine de Monrôe.

La fédération volontaire implique un lien plus resserré que celui de l'alliance. Elle est fréquente entre parties d'une même nation, comme telle ce n'est pas ici sa place, mais elle est rare entre nations de familles différentes, car alors elle est presque toujours forcée. On peut citer cependant dans l'histoire celle entre les principautés danubiennes.

La fédération forcée est, au contraire, très fréquente. On peut citer comme exemple, celle entre la Hongrie et l'Autriche, mais il n'y a là qu'union personnelle et non une fédération véritable, celle entre les Etats de la Grande-Bretagne, vis-à-vis de l'Irlande. Enfin la Confédération Suisse, volontaire aujourd'hui, a été autrefois forcée contre quelques-uns des cantons. Celle Allemande l'a été d'abord de la part de la Prusse qui a imposé son hégémonie.

Quelquefois la Confédération forcée implique, en effet, l'hégémonie d'une des puissances confédérées. C'est ce qui a lieu pour les pays de protectorat. La nation qui exerce cette hégémonie devient de plus en plus dominante et finit par absorber l'autre. Le protectorat est exercé par la France en différents pays, au Cambodge, en Tunisie, à Madagascar, par l'Angleterre, au Sud de l'Afrique, dans les Indes, en Egypte. Un protectorat général peut l'être à la fois par plusieurs puissances sur un même pays, c'est ce qui a lieu en Orient pour les diverses nations Européennes.

La Confédération forcée se réalise aussi par le prélèvement de tributs. Un des pays conserve le plein exercice de sa souveraineté, mais devient tributaire. C'est un phénomène qui apparaît souvent dans l'histoire.

Enfin l'union de deux nations se fait quelquefois dans ce sens que l'un d'eux n'a que la mi-souveraineté.

3° *Nations unifiées.*

La fédération entre nations différentes a pu se resserrer tellement qu'il n'y a plus en réalité qu'une seule nation. C'est ce qui s'était produit entre l'Autriche et la Hongrie jusqu'à l'établissement du dualisme. L'état continu de guerre entre nations a dû aboutir souvent à ce résultat. On peut citer les exemples de la Pologne, du Holstein, de la Bohême, des Slovènes, des populations soumises à la domination turque (grecs, romains, albanais, etc.) jusqu'au jour de leur délivrance, des Arabes et de l'Algérie.

4° *Nations détachées.*

Par contre, souvent des nations unifiées avec d'autres s'en sont détachées par voie de sécession, par exemple le Portugal un moment réuni à l'Espagne, la Belgique séparée de la Hollande, la Hongrie détachée partiellement de l'Autriche, la Bulgarie, la Roumanie, la Grèce affranchie de la Turquie, toutes les colonies qui ont secoué le joug de la métropole.

Fédération et unitarisme suprâ-national.

Nous venons de décrire l'état international soit d'isolation, soit de fédération, soit d'unitarisme ; une nation en soumet une autre isolée ou plusieurs autres, de manière à former ensemble une fédération de quelques peuples avec hégémonie de sa part et à son profit, ou bien resserrant ce fédéralisme ou le supprimant, les deux nations sont fondues en une seule par une véritable absorption.

Ici il s'agit de tout autre chose. De tout temps certaines nations conduites par des hommes de génie ayant une véritable mission historique, et poussés par un instinct mystérieux, ont marché à la conquête du monde. Elles ne visaient point telle ou telle nation voisine ou ennemie, un avantage de commerce, d'amour-propre ou de frontière, mais un but plus élevé, celui de créer un lien entre toutes les familles humaines. Sans doute, ce n'était point l'objectif prochain et direct du conquérant qui n'agissait que pour acquérir la gloire et le profit, mais le véritable but, tout autre, inconscient chez lui, n'en était pas moins réel. Cet instinct était d'ailleurs plus ou moins développé ; ou il ne pensait qu'à asservir et alors la conquête aboutissait à l'absorption du genre humain par quelques-uns, ou il voulait réunir et pacifier, la guerre terminée, et alors il s'agissait non d'absorption, mais de fédération forcée avec hégémonie de la nation victorieuse. Dans tous les cas, sauf révolte, la guerre devenait impossible entre les peuples réunis. C'est à ce point de vue que si les petits conquérants n'ont été que les fléaux du genre humain, les grands, tout en l'étant d'abord, ont pu devenir ses bienfaiteurs. Enfin les pays ainsi soudés de force les uns aux autres, se sont souvent de nouveau séparés, mais non sans avoir reçu l'empreinte d'une autre civilisation, le passage a été fécond.

Il ne saurait s'agir ici d'état d'isolement ; cependant

avant de passer outre, remarquons qu'une nation a pu avoir pour objectif en colonisant, non seulement de propager sa race par voie de scissiparité, phénomène sociologique que nous avons déjà étudié, mais aussi d'obtenir l'empire universel colonial, éclairant de sa civilisation toutes les mers, et y amenant les peuples de civilisation autre ou les sauvages. C'est ce rôle qui a été longtemps départi à l'Angleterre. On peut dire qu'il a été exercé aussi par les missionnaires des diverses religions.

1° *Fédération universelle.*

L'idée d'une fédération universelle a été certainement celle inconsciente, mais finale, de tous les conquérants civilisés. Comment, en effet, espérer retenir sous son joug pour toujours des nations civilisées surtout si elles sont nombreuses ; il faudrait pour cela les dénationaliser, ce qui n'est pas facile sur un territoire restreint. Au contraire, si la conquête est faite contre une nation sauvage, ou par une nation barbare, le but est simplement la conquête, c'est-à-dire l'absorption.

Les grands empires ont toujours eu un caractère spécial, et le nom lui-même d'Empereur, une signification tout autre que celui de roi. Il se relie essentiellement à l'idée de fédération monarchique. L'Empereur est celui qui réunit sous sa direction un certain nombre de nations distinctes ; si quelquefois il devient autre dans un pays, il a été tel à l'origine.

Bossuet dans son histoire universelle avait le pressentiment de la mission spéciale des Empires, tout en en donnant une fausse interprétation.

Quelquefois les Empires employèrent à la fois les deux moyens, incorporation de certains des pays conquis, fédération des autres ; quelquefois même il n'y avait de la part des vaincus, d'autres obligations que le fournissement d'un contingent en hommes et en argent.

L'Empire Assyrio-Babylonien est un des plus anciens et présente déjà ce caractère. Avec sa capitale alternant de Ninive à Babylone il avait conquis de nombreux pays non Assyriens ; ces pays étaient divisés en deux classes, ceux que les agents du roi administraient directement, et ceux qui n'étaient qu'en état de vassalité. Ceux-ci conservaient leur organisation traditionnelle et leurs lois particulières, révisées seulement quelquefois par le roi suzerain ; ils étaient en état de fédération forcée. Les maisons royales restaient sur le trône, payaient un tribut et fournissaient des troupes ; en cas de révoltes réitérées, ces pays passaient dans la première catégorie.

L'Empire Perse était établi d'après les mêmes principes. Les provinces étaient de deux sortes : les unes, comme la Lydie, la Babylonie, la Médie, avaient perdu leur autonomie, précisément parce qu'elles étaient plus proches ; il en était de même de l'Egypte et de la Cilicie, en raison de leur situation stratégique. Ces provinces étaient gouvernées par un satrape, nommé par le pouvoir central, lequel dirigeait et exerçait toute l'administration.

Dans les autres pays, il y avait bien aussi un satrape, mais il se bornait à commander les troupes et à percevoir les impôts, il n'administrait pas, il contrôlait et surveillait seulement les autorités indigènes, comme nous le faisons dans les pays de protectorat et comme le font les Anglais dans l'Inde. En outre, dans deux pays privilégiés, l'Arménie et le Pont, il n'y avait pas de satrapes, ou du moins le satrape était le chef héréditaire lui-même de ces pays. Les princes indigènes continuaient de porter le titre de roi.

L'Empire Grec eut le même objectif instinctif que nous avons signalé, mais d'une manière plus nette, la domination et la fédération du monde entier : tel était le testament d'Alexandre. Sans doute, de son vivant, mais sa vie fut très courte, et ses conquêtes n'étaient pas encore achevées, tous les pays restaient sous un seul sceptre, le sien. Mais aussitôt après sa mort, ils se démembrèrent, entre les mains de ses généraux. En vain Perdiccas essaya-t-il de conserver l'unité. Il sortit bientôt du démembrement, outre la Grèce qui reprit sa liberté, un grand nombre de royaumes, d'abord fédérés, puis indépendants les uns des autres et reliés seulement par une nouvelle civilisation commune. Alexandre n'avait pas eu le temps de consolider son Empire, et au point de vue de la fédération, celui-ci tomba vite en dissolution, et de la fédération accomplit on passa à l'isolement.

L'Empire Romain succède à l'Empire Grec, il en recueille les débris, accomplie d'autres conquêtes, et fait unique, réunit sous sa domination tout le monde ci-

vilisé. Mais cet immense conglomérat ne fut pas unitaire, il faut insister sur ce point, mais fédératif, ou
plutôt l'Empire romain adopta le double moyen pratiqué par l'Empire assyrien et par celui des Perses.
Voici quelle était l'administration des provinces sous
la République, Rome laissa à ses sujets leurs lois,
leurs magistrats, leur religion, même leurs assemblées publiques ; elle se contenta de prendre à quelques-uns une partie de leur terre pour y fonder des
colonies et demander à tous un impôt. Il y avait bien
un gouvernement et un préteur suivant les cas,
mais ils ne s'ingéraient pas dans le gouvernement
particulier des peuples. Certaines villes avaient même
l'autonomie intégrale. Plus tard, cependant, on
s'avança vers une unification plus complète et sous
Caracalla tous les habitants devinrent citoyens romains, mais les libertés municipales furent complètement conservées.

Le christianisme voulut recueillir la succession
de l'Empire romain, mais il ne put le faire qu'indirectement en dominant les Empereurs romains, et
plus tard après la chute de cet empire en en créant
un nouveau. Ces tendances conduisent à l'Empire de
Charlemagne. Celui-ci était un conquérant, mais ce
qu'il faut remarquer, c'est qu'il suivit l'exemple des
empires antérieurs. Il voulut conserver plusieurs
pays qu'il absorba dans l'Empire par une unification forcée, mais entre les autres il ne demanda qu'à
établir la confédération forcée ; il eut voulu y englober le monde entier, mais de cette manière. Ces

confédérés forcés étaient les tributaires : les Bretons, les Basques, le duché de Bénévent, les Slaves. Au contraire la Saxe, la Bavière, la Thuringe, l'Allemanie étaient pays d'unification forcée. En outre, il détacha lui-même, pour les donner à plusieurs de ses enfants, le royaume d'Italie et celui d'Aquitaine. Sa mort fut suivie d'un démembrement plus complet, mais lui-même avait voulu fonder non un Empire unitaire, mais une vaste confédération.

En face de l'Empire de Charlemagne, s'était dressé l'Empire Arabe, mais avec un caractère différent. Ses conquêtes, pendant un long espace de temps et jusqu'au démembrement, ne visaient qu'à l'unification et non à la fédération forcée, cependant elles avaient aussi pour but la domination du monde entier.

De même que Charlemagne avait pris la succession de l'Empire Romain, de même les Empereurs allemands voulurent recueillir la sienne ; c'est à ce titre qu'ils firent les guerres fréquentes d'Italie. Leur projet réussit beaucoup plus tard entre les mains d'un Espagnol, Charles-Quint, qui réunit le royaume de Naples, les Flandres et le Nouveau Monde à l'Espagne, mais il n'essaya pas de fédération entre ces divers pays ; du reste, il s'agit pour lui, non de conquête, sauf pour le nouveau monde, mais de lien personnel.

La domination du monde par le moyen d'une fédération générale fut plus tard le rêve de princes protestants et en particulier celui bien connu d'Henri IV.

Mais le vrai successeur des empires anciens et de

celui de Charlemagne fut Napoléon. Il voulut l'Empire du monde, le réalisa un moment en partie ; mais ce qu'il faut remarquer ici, c'est qu'il n'entreprît point la domination pure et simple, l'absorption des pays conquis, mais leur fédération forcée. Il avait, plus exactement, comme les Empereurs anciens, incorporé certains pays à la France dont il avait reculé les limites, et y avait englobé une partie de l'Italie, la Hollande, les bouches du Weser et de l'Elbe. Mais il avait conservé sous sa dépendance l'autonomie- de l'Italie qu'il gouvernait par l'union personnelle, l'Espagne où règnait son frère le roi Joseph, Naples sous son beau-frère Murat Lucques, sous sa sœur Elisa, la république Helvétique, la confédération du Rhin comprenant : la Westphalie sous son frère Jérôme, la Bavière, le Wurtemberg, la Saxe. Enfin une alliance forcée s'imposait à l'Autriche. Ce n'était pas un intérêt dynastique seul que Napoléon réalisait en plaçant les membres de sa famille sur ces trônes. Il reconnaissait que la domination universelle par absorption est impossible, mais que celle bien différente par hégémonie et par confédération forcée pouvait se réaliser.

Tels sont les Empires qui se sont formés parmi les nations de notre civilisation Européenne. Ils se sont tous établis sur le même modèle : absorption et unification de certains pays, ceux petits et limitrophes, plutôt à titre stratégique, ou ceux qui ont voulu constamment la sécession ; au contraire, simple confédération des autres, confédération devant gagner de proche en proche, et englober le genre humain, tout au moins d'abord, tous les peuples de civilisation identique ; cette confédération impliquait le respect de l'autonomie, mais elle avait une bien plus haute portée, l'abolition de la guerre par une fédération universelle.

Mais ces tentatives ne réussirent pas, elles étaient trop violentes, elles étaient prématurées, nous verrons que ces efforts ont pourtant singulièrement rapproché les nations.

2° *Unitarisme universel.*

Le but n'est pas ici le même, quoiqu'il eût pu conduire aux mêmes résultats ; on se trouve en face, en dehors de l'ambition personnelle du chef, du désir de soumettre complètement les autres nations, de les détruire ou de les assimiler violemment sans leur laisser aucune autonomie, c'est l'unitarisme forcé pur et simple au profit de la nation conquérante.

Le moyen d'incorporation plus définitif d'un pays a été appliqué aussi dans cette sphère, il consiste à détruire ou chasser les habitants et à les remplacer par les conquérants.. Nous en avons des exemples sur une plus petite échelle : les tentatives de germanisation des pays slaves en Autriche, ceux de même sens en Alsace, la slavicisation de la Pologne. Dans la sphère de l'unitarisme universel les exemples en sont moins nombreux.

Quelquefois la nation à absorber est réduite en esclavage, mais cela n'est plus guère possible lorsqu'on conquiert des pays nombreux.

On emploie surtout la superposition d'un peuple à un autre, en enlevant à ce dernier toute autonomie. C'est ce qui a eu lieu dans l'Empire Mahométan, il s'est divisé en provinces nombreuses, mais non en provinces autonomes, jusqu'au jour de sa dislocation. Le prosélytisme religieux fut le moyen proche ; la soif des richesses le moyen plus éloigné, mais aussi puissant. On ne visa, pas même instinctivement, l'établissement d'une paix universelle.

Il en fut ainsi des empires barbares, par exemple celui des Huns. Il recherchait l'unitarisme, l'oppression d'autres peuples par un seul.

La conquête de l'Amérique par les Espagnols eut le même caractère, c'est ce qui la rendit atroce.

Comme l'empire de fédération, celui d'unitarisme n'a jamais très longtemps duré, et s'est résolu en ses éléments, mais transformés.

3⁰ Décentralisation par démembrement et sécession de la fédération

Non seulement les tentatives ci-dessus trouvent une limite dans le contact avec une autre civilisation, mais l'énormité de l'Empire unitaire, ou la cohésion insuffisante de l'Empire fédératif universel amènent bientôt sa ruine.

L'empire assyrien et l'empire perse ne se démembrèrent que lors de leur chute, résultat d'une autre conquête, mais l'empire macédonien le fit immédia-

tement et sans attaque extérieure. L'Empire romain
plus résistant se divisa en Empire d'Orient et en Empire d'Occident sous la seule action de son propre
poids.

L'Empire arabe dura longtemps à l'état d'unitaire,
et jusqu'à l'achèvement de ses conquêtes. A partir de
cet achèvement, son étendue est trop grande, il se
divise de lui-même, et le Khalifat de Bagdad qui con-
tenait le monde entier musulman vit s'élever ceux
de Cordoue, le plus éloigné, du Maghreb, du Kho-
rassan, de l'Egypte, de la Syrie.

On connaît le démembrement rapide de l'Empire
de Charlemagne, de celui de Charles-Quint, de celui
enfin de Napoléon.

Un nouvel essai d'Empire réussirait-il de manière à englober toutes les nations d'Europe, par
exemple, ou de civilisation Européenne, en un vaste
conglomérat ? Non, s'il s'agissait d'une conquête
ayant pour but d'asservir à une nation toutes les
autres; peut-être, s'il s'agissait simplement de les
réunir en une confédération forcée, elle aurait pour
immense avantage de rendre, au moyen de guerres
transitoires, toute guerre ultérieure impossible, et
elle diminuerait les dangers économiques de la paix
armée. Mais l'hégémonie de la nation conquérante
aurait peine à s'opérer d'une manière durable. La
fédération universelle de tous les peuples d'une
même civilisation, en attendant celle de tous les
peuples du monde entier. s'établira plus facilement
par un accord volontaire, mais tel n'est pas le sujet

de la présente étude. Nous avons voulu seulement remarquer l'effort constant de l'histoire dans le but d'étendre de plus en plus les confédérations ; celle universelle n'est que l'aboutissement logique de cette tendance, ce fut l'intention instinctive de tous les grands hommes politiques de valeur internationale, en d'autres termes, des grands conqué-
.rants.

TROISIÈME PARTIE

PARTIE PRATIQUE

Dans la présente étude, nous avons cherché d'abord
à trouver la théorie exacte, la raison d'être logique,
des trois formes d'Etats, l'Etat isolé, l'Etat fédératif,
l'Etat unitaire, en particulier, de l'Etat fédératif,
moins connu en France ; nous avons établi les correspondances avec les phénomènes de condensation
et de raréfaction, de spécialisation, de hiérarchisation du monde physique, et enfin énuméré les critères respectifs de la fédération. Dans une seconde
partie nous avons décrit l'histoire et la géographie du
droit à ce sujet ; c'était la part de l'expérimentation et
de l'observation concrète. Il s'agit maintenant d'en
tirer les conséquences pratiques, de rechercher quel
est, au point de vue de l'utilité, la forme d'Etat préférable, et si c'est la forme fédérative qui est choisie,
quel degré de fédération favorise le mieux le progrès

social, et alors comment on doit organiser le système choisi. La sociologie n'est que la préface obligée de la science sociale à laquelle elle doit aboutir.

La première question qui se pose, c'est le choix entre l'Etat fédératif et l'Etat unitaire. Il ne sera plus question de l'Etat isolé, lequel ne peut apparaître qu'au point initial des civilisations, pour ne reparaître plus, puisque c'est un Etat exposé à tous les périls et contraire à la communication sociale qui doit s'étendre de plus en plus pour devenir universelle.

Mais entre l'Etat fédératif et l'Etat unitaire on peut hésiter, car chacun d'eux présente des inconvénients et des avantages. Dans certains pays, par la force de l'habitude, la question ne naît même pas ; en France, par exemple, personne ne songe au régime fédératif, qui semblerait un affaiblissement en pure perte de la nationalité ; cependant on y arrive d'une manière indirecte en réclamant toujours le plus de décentralisation possible, tant les mots ont de puissance et faussent l'exactitude des idées. Mais il suffit que la question soit soulevée ailleurs, chez d'autres peuples, et surtout qu'elle naisse dans l'esprit des penseurs, pour avoir besoin d'être résolue.

Le gouvernement unitaire a des avantages qui frappent tout d'abord. Le premier, c'est celui d'une centralisation plus complète et plus rapide des forces militaires. Le gouvernement fédératif doit, quoiqu'il ait un noyau d'armée permanente, attendre les contingents qui lui seront fournis par chaque province ; d'ailleurs le soldat, devenu milicien, ne quittera pas sa région, ce qui sera défavorable à l'esprit national. Certainement, au point de vue militaire, plus un Etat est centralisé, plus il semble que la victoire soit facile. Cependant l'exemple de l'Allemagne dans la guerre de 1870 est contraire.

Le gouvernement unitaire favorise les relations commerciales entre les diverses provinces ; toutes les douanes intérieures disparaissent ; les grandes voies de communication s'établissent mieux ; les consentements locaux ne sont plus nécessaires.

Il y a une grande économie de frais généraux à ne posséder qu'une capitale, qu'une fois les directions d'administration générale. Dans les petits Etats, il faut un Parlement, des Ministères, un chef de l'Etat, qui coûtent presque aussi cher que ceux qui sont possédés par plusieurs Etats réunis. Le budget sera de ce chef bien moins considérable. Et si, au contraire, il faut faire appel au crédit, les capitaux se dirigeront de préférence vers un grand Etat ; un Etat, petit, confédéré, ne présentant pas les mêmes garanties. D'ailleurs, les impôts seront plus faciles à établir, et surtout à recouvrer, parce qu'ils porteront sur plus de produits différents dans un vaste pays. Les pensions de retraite au profit des employés de l'Etat seront plus assurées et moins onéreuses, puisque cette assurance comprendra un plus grand nombre d'assurés. Enfin, un grand pays centralisé produit ce qui est utile à sa consommation, tandis qu'un petit ne peut se suffire à lui-même. Tels sont les avantages économiques.

Un autre bienfait incontestable de l'Etat unitaire est l'uniformité. Ce bienfait se fait d'abord sentir dans les lois. Quel avantage d'être réglé par les mêmes dans toutes les provinces ! Ne serait-il même pas désirable de voir plusieurs nations promulguer le même Code ? La diversité législative de la Suisse, des Etats-Unis, entrave les affaires ; on ne sait ce qu'il faut faire, ce qu'il faut éviter ; le droit international privé est lui-même impuissant à se débrouiller dans ce conflit. La seconde uniformité qui en résulte souvent est celle du langage. Il n'y a plus qu'une langue officielle. La Suisse offre pourtant l'exemple contraire. L'existence provinciale favorise les patois. Mais l'uniformité va au delà, elle atteint les formes de gouvernement ; en Suisse, le gouvernement direct coexiste à côté de celui indirect. Quelle anomalie ! Un Etat unitaire ne le souffrirait pas. Il n'est pas jusqu'aux modes qui ne se répandent identiques partout, et l'Etat unifié n'est pas moins fier de l'unité de chapeau que de celle de loi, de langage ou de constitution. Ce qui est plus essentiel, c'est que les idées se mettent aussi de niveau.

Le sentiment patriotique semble devoir être plus grand dans un état unifié ; l'amour de la petite patrie, lorsque celle-ci est presque indépendante, diminue celui de la grande ; on est trop normand, breton ou felibre, et on devient ainsi moins français ; au contraire, dans la France unifiée, tout le monde veut être français uniquement, et surtout on voudrait être parisien.

En ce qui concerne les personnes, l'unification absolue a pour résultat de faire disparaître l'importance de toutes les coteries locales. Dans une unité restreinte, les querelles sont plus vives, on se connaît trop, et les illusions nécessaires sont détruites ; les rivalités gâtent tout, et les hommes de valeur sont dans leurs villes généralement méconnus. Le gouvernement central juge de plus haut, de plus loin, il voit mieux l'essentiel. Si les dissensions s'y retrouvent, elles sont moins mesquines, et de la coterie on passe au parti politique, plus objectif. Telle est la grande supériorité de l'Etat unitaire, c'est qu'il est moins subjectif que l'autre, plus impartial. Il en est de même de la justice centrale ou émanant du gouvernement fédéral vis à vis de la justice locale, elle est plus indépendante.

L'établissement de plusieurs unités infraposées à celle de la nation avec tous leurs organes distincts, surtout avec un régime représentatif, cause une grande complexité et un éveil trop incessant de la vie politique. Même dans un état unitaire, les élections sont bien fréquentes, les citoyens s'en désintéressent et s'abstiennent. Que sera-ce lorsque chaque sous-multiple aura tous les mêmes éléments électifs que l'Etat ! Puis cette intégration sera une source de nouvelles dépenses.

Un argument décisif ou qui semble tel en faveur de l'unitarisme est la marche même de l'évolution.

Tous les peuples ont commencé par l'Etat isolé, ont passé par le régime fédératif en ses différents degrés, et la plupart ont abouti, ou tendent à aboutir au régime unitaire. La Suisse a resserré son lien fédéral, elle est sur le point d'avoir un Code pénal uniforme, elle médite un Code civil. L'Allemagne a conquis pour le gouvernement unitaire futur la plus grande partie de la confection législative. Or, l'évolution ne remonte pas son courant, pas plus que le cours des fleuves. Nous ramener au fédéralisme, ce serait nous faire rétrograder ; or, on avance, même contre son gré ; c'est la loi de l'histoire.

Tels sont les avantages importants, réels ou apparents, du système unitaire.

Le système fédératif en invoque à son tour d'une grande force ; nous devons entendre ces deux plaideurs convaincus.

Il n'est pas vrai qu'au point de vue militaire l'Etat complètement unifié soit préférable ; sans doute, il vaut mieux que celui complètement isolé, mais la fédération n'empêche nullement la concentration rapide des troupes ; il suffit que les voies ferrées soient monopolisées au profit de l'Etat et fédéralisées. Les corps régionaux sont moins coûteux à entretenir, et une véritable émulation existe entre les diverses provinces. Quand un homme se bat à côté d'un autre de la même commune ou du même département, il tient davantage à honneur de ne pas faiblir. L'exemple de l'Allemagne fédéralisée contre la France unifiée en 1870 le prouve. C'est cet unitarisme qui nous a été défavorable. Depuis, on est revenu en partie, au système militaire régional. La mobilisation est plus facile quand chaque province est centralisée à part, que lorsqu'il faut tout mobiliser à la fois sur un point unique donné, ce qui entraîne la confusion et une véritable déroute avant l'expédition. La centralisation des grandes voies de communication est du reste admise par la plupart des Etats fédéraux, ce qui est même remarquable, c'est que ce sont eux qui ont surtout réalisé la nationalisation des chemins de fer.

Les avantages financiers de l'Etat unitaire sont contestables. Sans doute les frais généraux sont diminués ; mais la centralisation amène la création de beaucoup d'emplois superflus. Le crédit que l'Etat très vaste trouve plus facilement est un danger, on fait alors plus de dépenses inutiles. La production pour l'impôt fédéral existe aussi grande si, on prend toutes les provinces réunies, et dans chaque province, les dépenses sont presque nulles. Beaucoup de fonctionnaires peuvent être électifs et gratuits dans une province autonome. Ce qu'il faut remarquer, c'est que les pays à fédération ont des budgets soit fédéraux, soit d'Etats, très peu élevés ; il suffit de citer la Suisse, les Etats Unis, l'Allemagne ; ces pays empruntent peu. Au contraire, les emprunts des pays unifiés, de la France, de la Russie, sont énormes. Cette simple constatation suffit pour répondre à l'argument financier. Le régime de la confédération, s'il n'est pas toujours celui du grand crédit est celui de la grande économie. En Italie, la situation financière était normale, elle est mauvaise depuis son unification.

L'avantage de l'uniformité dans l'Etat unitaire est incontestable, et celui de l'unification législative est immense. Mais il peut être réalisé dans la fédération si les cantons se mettent d'accord ; c'est de cette manière que la Suisse entend unifier ses codes. D'autre part, l'unité législative complète n'est pas sans inconvénient, surtout pour les lois administratives. Il est difficile de mouvoir une machine aussi compliquée que celle du gouvernement d'un pays comme la France ; on recule souvent devant l'essai d'un nouveau système dans les 89 départements.

En effet, si le système est reconnu mauvais à l'expérience, il faudra mettre de nouveau l'immense machine en mouvement avec tous ses rouages dans un sens contraire ; on craindra ces trop fréquents essais. En Suisse, au contraire, il est facile de faire l'expérience sur un terrain restreint ; si l'idée était mauvaise, elle disparaîtra d'elle-même sans avoir troublé profondément ni sur une large surface. C'est ce qui a eu lieu récemment pour l'assurance obligatoire contre le chômage essayée à Saint Gall.

Le régime fédératif ne diminue en rien le sentiment national ; il a, au contraire, l'avantage de le rendre moins abstrait. L'homme se rattache d'abord à sa famille, à sa commune, à ce qu'il voit, avant d'aimer ce qu'il ne voit pas. Le sentiment français était aussi vif autrefois qu'il l'est aujourd'hui. C'est l'*internationalisme* qui nuit au *patriotisme,* ce n'est pas le *provincialisme,* et le *parisianisme* ne lui est d'aucun secours.

L'argument tiré des coteries locales est exact; c'est le défaut essentiel du provincialisme d'exciter entre les hommes qui se voient tous les jours de grandes rivalités; mais ce défaut est plutôt celui de l'époque que celui du système. D'ailleurs on le remplace par un autre. Le gouvernement fédéral sera plus impartial, mais quant au personnel il jugera sans connaissance de cause puisqu'il ne connaît pas les personnes. C'est une cérémonie véritablement chinoise que la signature quotidienne par le chef de l'Etat d'une foule de nominations de fonctionnaires qu'il n'a jamais vus, qu'il ne connaît ni par correspondance, ni par lecture de leurs ouvrages, ni même par réputation; bien plus, il serait inconstitutionnel de sa part de s'opposer à la nomination. Alors quelle utilité y a-t-il à ce qu'il la signe? Mais il se guide par l'avis du Ministre! Hé bien! c'est alors au Ministre lui-même de signer. Mais le Ministre n'a proposé que sur la désignation d'un Directeur Général! Hé bien! le Ministre ne devait pas signer, mais le Directeur Général. Mais le Directeur Général n'y connaît rien, non plus que le Garde des Sceaux, s'il s'agit de magistrats! Il a signé au hasard, ou plutôt sur l'avis du Directeur du département ou du Chef de la Cour! Hé bien! c'est à ceux-ci de signer s'ils nomment en réalité et d'avoir la responsabilité de leurs actes. Nous voici ramené par la force des choses à la no-

mination locale des fonctionnaires pour cause d'incompétence réelle du pouvoir central. Il reste à
rechercher le moyen d'annuler les coteries locales,
par des modes justes de nomination, mais la localisa-
tion est imposée par la logique.

La complexité qui existe dans le gouvernement
fédératif n'est pas beaucoup plus grande que dans le
gouvernement unitaire ; ce sont les pouvoirs qui sont
amplifiés, plutôt qu'on ne crée de nouveaux organes.
Aujourd'hui, les Conseils locaux sont nombreux, et
ils sont recrutés par l'élection, il y en aurait fort
peu de nouveaux, mais, au lieu d être impuissants,
ils seraient actifs et effectifs.

L'argument le plus fort peut-être, c'est celui de la
marche de l'évolution. Il est certain qu'on a passé
de l'Etat isolé au fédératif et de celui-ci à l'unitaire,
et si l'on s'était arrêté là, l'argument serait invincible,
car on ne remonte pas l'évolution. Mais dans le
mouvement social rien ne s'arrête, on parcourt une
spirale et ainsi on semble quelquefois revenir vers
le point de départ. Lorsque l'unitarisme englobe un
trop grand nombre d'Etats, ou si sa compression
devient trop absolue, il éclate, il se produit des fentes,
des sécessions, ou bien une simple détente, et on
arrive à la décentralisation. En France, c'est celle-ci
qui est sur le point de renverser l'unitarisme ; mais
cette tendance existe par tous les Etats unitaires.
Dans la Grande-Bretagne, l'Irlande réclame beaucoup plus. La Hongrie ne tient plus à l'Autriche
que par le lien personnel, et dans la Cisleithanie

elle-même, la Bohème, la Dalmatie, la Slavonie réclament hautement la fédération à titre d'Etats. C'est donc suivre le sens de l'évolution et son nouveau tour de spire que de remplacer l'unitarisme par la fédération.

Mais trois motifs bien plus puissants nous semblent devoir faire emporter la balance en faveur du gouvernement fédératif.

C'est d'abord l'*énormité monstrueuse de la machine sociale* dans un gouvernement unitaire. Comment la mettre en mouvement avec précision, avec utilité, sans danger ! Les plus sages s'effraieront d'y toucher ; les autres lui imprimeront un mouvement formidable, répercuté partout, mettant en branle les moindres parties pour le plus faible résultat. D'autant plus qu'on ne peut y toucher que par un seul point, par le point culminant, par la tête. Autrefois la moindre émeute parisienne pouvait devenir une révolution française ; les plus grands mouvements aux extrémités étaient insensibles ; on eût dit un grand corps paralysé de tous côtés et dont le cœur ou le cerveau reste seul vivant. Au contraire, dans les pays fédéralisés chaque partie reste souple, elle vit de sa vie propre, ce qui n'empêche pas celle collective et on peut la mettre en mouvement d'une manière distincte par un décliquetage à volonté. On peut réparer une fraction de la machine sans détraquer tout le surplus. Un Etat unitaire, comme la Russie, la France, comme plus tard l'Allemagne constitue une monstruosité sociale.

Les inconvénients de cette centralisation à outrance sont très nombreux. Le premier, c'est l'oppression dont sont menacées non les unités inférieures puisqu'elles n'existent plus, mais les individus. Ceux-ci, protégés auparavant par les unités intermédiaires, sont désormais dégarnis ; ils le sont d'abord au point de vue politique, à celui de la liberté de leurs pensées, de leur religion. Dans une province ou dans un état peu étendu, il se forme un courant d'opinions sur les idées générales que la plupart des citoyens de ce territoire partagent. Tel département est protestant ; tel autre, catholique ; tel autre, irréligieux. Or, voici un protectionniste, voici un libre échangiste. Chacun trouve dans les siens plus rapprochés un refuge et un soutien pour ses idées ou ses intérêts. Ce soutien disparaît, si l'unité intermédiaire est supprimée, et on se trouve en face d'un pouvoir central qui oppose sa volonté d'une manière tyrannique ; un département va, en fait, se trouver gouverné par des départements voisins. Au contraire, la province autonome revendiquera hautement ses idées, devra, sans doute, se soumettre à la volonté nationale, mais elle en tracera les limites naturelles, elle en dénoncera l'incompétence lorsque ces limites seront dépassées. La fédération est donc la seule protection efficace de l'autonomie individuelle.

On dira sans doute que le fédéralisme favorisera ainsi la réaction. Cela est possible, puisqu'alors telle province conservera ses opinions ; mais n'est-ce pas son droit ? Doit-on lui en implanter une violemment du dehors ? Si l'autonomie individuelle, l'absence totale de tyrannie est à ce prix, nous accepterons la condition nécessaire. C'est par la persuasion que les idées, si elles sont fausses, doivent être modifiées. En outre, si une dictature veut s'imposer, elle ne le pourra pas si la vie provinciale est active ; les points de résistance seront nombreux et actifs.

Lorsque la centralisation est parfaite, un coup de main sur la capitale suffit pour tout conquérir ; il ne peut en être ainsi quand le pays a autant de ganglions nerveux, de petits cerveaux, qu'il possède de provinces, alors un acte du cerveau central contraire à la vie générale ne pourra plus se réaliser.

Le second avantage essentiel de la confédération, lorsque le degré d'autonomie ne s'est nullement effacé, c'est le caractère pacifique. Cette tendance différencie déjà nettement les républiques des monarchies, du moins les républiques modernes. Mais elle caractérise surtout la république et même la monarchie fédératives. Dans ce cas, il faut l'assentiment des Etats, et il est rare de trouver l'unanimité, même la majorité ; quelquefois le gouvernement fédéral peut déclarer la guerre, mais alors il lui faut l'assentiment, au moins tacite, des Etats, pour oser le faire. Sans doute, le sentiment national n'est pas moins vif dans la fédération, mais les rapports avec l'Etranger ne sont plus directs, il existe un intermédiaire. Pour qu'une fédération, comme celle des Etats-Unis, déclarât la guerre, il faudrait de bien puissants motifs. Dans la république fédérative, il ne survit plus que les guerres défensives. D'ailleurs, comme nous allons le voir, la fédération favorise le gouvernement direct, et la guerre devient très rare, quand elle ne peut résulter que d'un plébiscite.

Le troisième avantage devient capital. Sans doute, il existe et surtout il a existé des fédérations monarchiques ; mais la plupart vivent sous le régime républicain. Il y a entre ce régime et le fédéralisme une étroite affinité, si bien qu'on peut dire qu'une république qui n'est pas fédérative subsiste difficilement, elle aboutit au dictatoriat. Le chef du pouvoir exécutif, ayant la main sur la force armée, peut faire réussir un coup d'Etat et s'il triomphe dans la capitale, aucune résistance ne lui est opposée par les provinces anéanties. D'ailleurs, les droits civiques s'exercent de trop loin, les citoyens s'en désintéressent, ils s'abstiennent; du reste, c'est dans une vie communale intense que la vie politique a ses racines, qu'on peut agir *in concreto ;* en d'autres termes, la *république fédérative* est concrète, la *république unitaire* est *abstraite* ; c'est dire combien l'une est plus naturelle que l'autre au caractère humain. On peut prédire, presque à coup sûr, que cette dernière est destinée à périr, et qu'en tous cas ses principes ne pénétreront jamais profondément dans le sol.

Bien plus, le régime républicain présente lui-même plusieurs systèmes, deux en particulier, qui se sont partagé le domaine de l'histoire : le gouvernement représentatif et le gouvernement direct. Dans ce dernier, tous les citoyens tantôt délibèrent et votent la loi, tantôt, ce qui est plus fréquent, concourent à sa confection par voie de *referendum* et de plébiscite. Le gouvernement représentatif, même républicain, peut à la rigueur s'accommoder de l'unitarisme, ou d'une fédération très étroite. Mais il n'en est pas de même du gouvernement direct. Par définition même, et puisqu'il s'exerce sur place, c'est le gouvernement communal par excellence. Ici le centre normal géographique est déplacé ; ce n'est plus l'Etat qui est ce centre, mais la Commune. L'Etat n'est qu'un conglomérat de communes. Sans doute, le plébiscite peut être direct pour toutes les lois et se rattacher à l'Etat, mais fonctionnant ainsi, il peut devenir dangereux, consacrer une dictature ; il doit passer par un centre de résistance, la commune, et par un autre, la province, avant d'aller au delà.

Il n'y a donc ni gouvernement républicain sérieux et effectif (nous ne parlons pas de ceux qui portent simplement cette étiquette) ni de gouvernement direct possible sans le régime fédératif.

Outre ces arguments si décisifs, il en est un plus décisif, plus intrinsèque encore ; on peut dire sans métaphore, qu'il y a ici une question de vie ou de mort, non pour les citoyens, mais pour la commune et pour la province, et, en outre, pour les citoyens il y a une question de vie plus ou moins intense. Lorsque le sang afflue perpétuellement à la tête, il quitte les membres. Il en est ainsi dans la concentration totale.

La capitale déborde de vie ; elle en a même trop, car cet excès cause certaines maladies sociales, mais les provinces en sont privées, elles sont frappées de nécrose. Les conseils généraux peuvent seulement faire valoir des intérêts, on leur défend toute activité politique ; les actes administratifs sont faits par le préfet, représentants du pouvoir central ; toutes les décisions de la province ne sont que provisoires ; le pouvoir législatif lui est retiré. Il en est de même dans les communes. Ce n'est pas tout ; les fonctiōnnaires de la province sont nommés presque tous par le pouvoir central qui les répartit sur le territoire de la France et en général les dépayse. Enfin les institutions qui marquent l'initiative et la direction de la vie intellectuelle, morale, sensible, ou sont situées à Paris, ou élevées en province reçoivent de Paris leurs statuts, leur programme auxquels elles ne peuvent rien changer. Quelques exemples mettront cette idée en relief. L'instruction publique et privée donnée à Paris est certainement au niveau de celle qui existe dans tous les Etats civilisés de l'Europe, mais il n'en est pas de même de celle de la province. Nos facultés n'ont ni le même caractère ni une aussi grande vitalité que celles qui existent dans les pays confédérés, en Allemagne, en Suisse. L'uniformité des programmes, le plan identique d'éducation dans les lycées publics et les facultés détruisent toute initiative. Aussi a t-on voulu récemment essayer de revenir aux Universités anciennes, mais c'est une tentative avortée, car on ne les constitue qu'en personnalité matérielle ; l'instruction donnée en l'une est identique à celle donnée dans l'autre. Quant aux établissements libres, tout essor leur est retiré. De là le règne délétère, quand il est exclusif, de la science officielle et surtout de la science centralisée. Même la science libre, l'art libre, ont suivi ce courant qui afflue vers Paris. La province reste exsangue malgré tous les efforts. Même engourdissement quand il s'agit de l'assistance publique ; la province attend tout de l'Etat ; il ne lui reste pas d'énergie volontaire, pas d'énergie intellectuelle. Il en sera toujours ainsi tant que le régime fédératif ne sera pas rétabli dans son entier. Le spectacle offert par l'Etranger est très ins-tructif ; chaque province, sous le nom de canton ou de royaume, est munie de tous les organes de la vie sociale ; elle pourrait fonctionner seule comme Etat, si les autres provinces, si le pouvoir central n'exis-taient pas. Les frais généraux en sont augmentés, mais quelle multiplication de vie ! On peut comparer cet effet à celui qui se produit chez certains êtres zoologiques. Coupez-les par tronçons ; chacun de ces tronçons prend bientôt une vie autonome, l'anneau devient un être entier ; dix êtres sont le résultat de la division d'un seul. Le résultat serait le même si un pays unitaire était fédéralisé. Cette raison intrin-sèque suffirait seule. La vie est préférable à la mort, à la nécrose, à la paralysie de la périphérie et des membres ; or, la vie de la nation est centuplée lorsque la province est autonome, et dans chaque province, la commune.

Pour nous, il n'y a donc aucun doute, nous avons tenu à ne pas affaiblir les arguments des adversaires, mais ils ne peuvent prévaloir contre la nécessité et les avantages essentiels de l'Etat fédératif.

Faut-il considérer comme des fédérations suffisantes, celles qui suivent presque toujours l'unitarisme à outrance : la déconcentration et la décentralisation dont il est si souvent parlé ?

La déconcentration consiste simplement en ce que c'est toujours et aussi souvent le pouvoir central qui décide ; seulement, au lieu de le faire à son siège éloigne, il le fait par un représentant qu'il a dans la province. En France, ce représentant est le Préfet ; ailleurs, c'est le Gouverneur. Au lieu de proposer une décision, il décide lui-même. Le gouvernement unitaire répond ainsi à une critique, celle de son incompétence. Comment pouvait-il juger ce qu'il ne voyait pas, ce qu'il ne savait pas ? Désormais le maître, le délégué de l'Etat aura vu, aura su.

Il y a là certainement une amélioration, mais elle n'est nullement en faveur de l'autonomie provinciale. Les provinces, la commune restent des mineurs.

La décentralisation fait un nouveau pas en avant. Elle consiste à remettre la décision d'un plus grand nombre de questions administratives aux conseils du département et de la commune, et à laisser au conseil municipal le choix de son chef, le Maire. Mais elle diffère de la fédération sur tous les autres points que nous devons signaler :

1º Dans la décnetralisation, le centre est toujours

l'Etat, tandis que dans la fédération le centre est dans la province.

2o La tutelle administrative subsiste : tous les actes importants sont proposés par la commune ou la province, mais l'Etat décide seul.

3o Le chef de la province décentralisée est nommé par le chef de l'Etat et non par les électeurs de cette province ni par ses Conseils.

4o Le pouvoir central est représenté près de la province par le Préfet, mais celui-ci représente en même temps l'Etat, ce qui est incompatible.

5o Le pouvoir central est représenté près de la commune par le Maire, nommé par la Commune, et qui représente en même temps la commune, ce qui est incompatible.

6. Ni la province, ni la commune, ne sont représentées comme telles auprès du pouvoir central.

7. Tous les fonctionnaires, sauf en très petit nombre, restent à la nomination du pouvoir central.

8. Le pouvoir judiciaire à tous ses degrés n'est jamais provincial, ni communal, il est toujours national.

9. Le pouvoir législatif appartient à la nation seule, jamais à la commune, jamais à la province. Il leur en revient bien un faible résidu, mais même pour ce résidu la fonction est remplie non par les conseils, mais par le maire et le préfet, en tant que représentant le pouvoir central.

On voit combien la décentralisation diffère de la

fédération, qu'elle manque des principes les plus essentiels de celle-ci et que ce n'est qu'une réparation locative de l'édifice existant.

Ce n'est donc ni la déconcentration, ni la décentralisation qu'il faut choisir. Mais nous avons vu qu'il existe beaucoup de critères différents de l'idée de fédération. Lequel convient-il d'adopter pour l'avenir ?

Il faut distinguer dans le gouvernement fédéral le *matériel* et le *personnel*. Le matériel, c'est les diverses fonctions à remplir par la commune et la province ; le personnel, c'est le choix des personnes qui doivent les exercer. Nous faisons, bien entendu, abstraction de la forme monarchique ou républicaine, du système direct ou indirect ; nous ne voulons pas compliquer des questions différentes les unes par les autres.

Quant au *matériel*, les fonctions sociales de direction sont la législation, la fonction judiciaire, l'administration.

Les Conseils de département et de province sont entièrement dépouillés au profit du pouvoir central de toutes fonctions législatives, ils peuvent seulement exprimer des vœux. Le Parlement national ne fait pas seulement la Constitution fédérale et les lois fédérales, il fait toutes les lois. Faut-il lui retirer ce pouvoir, le rendre aux provinces, comme cela a lieu en Suisse et aux Etats-Unis, et ne lui laisser que la confection des lois fédérales ? Si l'on trouve cette concession trop absolue, faut-il attribuer à la fédération toutes les lois d'intérêt majeur et commun, les

Codes civil, pénal, commercial, de procédure, et laisser aux provinces toutes les autres, surtout celles administratives, comme en Allemagne?

En pure théorie, nous n'hésitons pas à dire que l'autonomie complète de la province emporte le pouvoir législatif en matière non fédérale, sans restriction autre que celle d'une fédéralisation plus ou moins compréhensive, de certains intérêts. Mais, en pratique, cette solution serait mauvaise. L'unification des législations est un immense bienfait, même en matière administrative. L'idéal serait que les provinces, d'un commun accord, sans contrainte par le pouvoir central, vinssent adopter les mêmes lois. Mais cela est difficile. Ici, suivant nous, le principe d'autonomie toujours vrai doit être partiellement *exproprié pour cause d'utilité publique*. Même entre nations étrangères, cette unification serait désirable. Il ne faut pas retourner en arrière vers le chaos législatif.

La fonction législative doit donc résider en principe dans la fédération seule. Cependant il faudrait admettre à ce principe trois exceptions.

La première est relative au résidu législatif que la province, même la commune, possèdent aujourd'hui. Il faudrait l'étendre et déplacer la compétence. Tout d'abord l'étendre. Ce résidu consiste en arrêtés administratifs sur des matières de détail ; on devrait décider que tout ce qui est de l'intérêt exclusif et particulier d'un département dans les règlements de police ou autres mesures générales sera du ressort de la réglementation provinciale. Mais cette fonction ne devrait être exercée ni par le préfet, ni par le maire, mais par le conseil général et par le conseil municipal.

La seconde exception est relative aux lois d'emprunt et d'imposition ordinaire et extraordinaire ; ce ne sont pas seulement des actes d'administration, mais des actes de législation, puisqu'ils obligent les citoyens à des prestations ; c'est du reste, comme tels que ceux fédéraux sont décidés par le Parlement et non par le pouvoir exécutif. Aujourd'hui, ce sont bien les deux conseils locaux, le général et le municipal, qui sont investis de cette attribution, mais ils n'ont que la décision provisoire. L'autonomie communale veut que cette décision soit définitive et qu'ils ne soient pas soumis sur ce point à la tutelle administrative.

Cependant, pour être juste, on ne doit pas conférer à l'Assemblée législative provinciale le droit de léser, par son vote de l'impôt local, le crédit de l'Etat. Si les provinces sont trop grevées par des emprunts, elles ne pourront plus payer l'impôt fédéral. Il faudra que dans les recouvrements l'impôt fédéral ait toujours la préférence.

La troisième exception est toute nouvelle. Après ce que nous venons de dire, l'autonomie de la province et de la commune en matière législative serait très faible, car pour raison d'utilité publique nous exproprions la plus grande partie de ses pouvoirs. Un inconvénient apparait ; la vitalité de la production

législative est atteinte, et nous n'entendons pas par
là cette exubérance de propositions non étudiées qui
pullulent dans nos Parlements, une telle activité devrait plutôt être restreinte. Il s'agit de celle qui s'ap-
puie sur la nécessité, l'observation directe et les besoins de la pratique. Dans une monographie intitulée :
des expériences législatives, nous avons proposé, lorsqu'une loi est préjugée utile, formulée et votée, de
ne point l'appliquer toujours à tout l'ensemble du
territoire, mais d'en faire l'essai sur une portion restreinte, une province, bien entendu avec l'assentiment de celle-ci. Il se produirait alors ce qui a lieu
dans les cantons suisses. Une loi est adoptée par un
seul ; si elle réussit, l'exemple attire les cantons voisins qui l'adoptent à leur tour, plus ou moins vite suivant l'affinité générale de leurs législations. Si l'expérience la prouve mauvaise, l'exemple n'est pas suivi,
et la loi isolée dépérit même chez l'innovateur. Seulement en Suisse l'avantage se complique d'un grave inconvénient, celui de législations qui changent de canton à canton. et l'inconvénient en somme est plus
grand que l'avantage. Ne serait-il pas possible d'obtenir l'un sans l'autre ? Oui, si la divergence de législation n'existait que pour les innovations, si celles-ci
n'avaient lieu que pour un temps donné et à titre
d'essai, si elles réunissaient le consentement du pouvoir central et de la province qui les inaugureront. En
même temps l'autonomie et la hiérarchie fédérale
seraient à la fois respectées. Il pourrait y avoir un
double processus. Tantôt le pouvoir central, fédéral,

voterait une loi temporaire sauf renouvellement, pour un certain nombre d'années, et applicable seulement dans une province ou dans une région, où cet essai serait plus facile en raison de circonstances particulières ; cette province ou les provinces de la région y consentiraient par hypothèse. L'expérience limitée se ferait alors ; d'autres provinces auraient pendant le temps d'essai le droit d'y adhérer. C'est qu'alors la loi nouvelle serait vraisemblablement meilleure et le champ d'expériences deviendrait plus large. La période expirée, le pouvoir central en observerait les résultats, et déciderait si elle doit être étendue à tout le pays. Les provinces qui seraient régies par elle auraient le droit de la conserver. Ce système est déjà pratiqué embryonnairement pour les pays français en dehors du territoire ; c'est ainsi que la Tunisie est régie par un système analogue au système Torrens, tandis que la France continue à l'être par le régime hypothécaire ancien. L'autre processus, qui assurerait encore plus l'autonomie provinciale, consisterait à donner à la province l'initiative d'une telle proposition, elle demanderait à appliquer une loi nouvelle qu'elle aurait votée, il lui faudrait alors l'adhésion du pouvoir fédéral, mais celui-ci ne pourrait la refuser que dans le cas où le lien fédéral risquerait d'être lésé, ou que si la loi était inconstitutionnelle ou entraînait une modification de l'organisation politique. La province ferait ensuite l'essai dans les conditions ci-dessus indiquées. Ainsi la vie législative de la province ne serait plus annulée, elle serait seulement hiérarchisée.

Ce pouvoir législatif restitué serait exercé par des organes analogues à ceux de l'Etat. Le Conseil général ou provincial y remplirait le rôle de Chambre des députés ; les administrations techniques, celui de Conseil d'Etat ; enfin le pouvoir exécutif ayant l'initiative de la loi serait le Chef de la province, lequel ne dépendrait pas de l'Etat, mais serait nommé par le vote provincial. Nous n'avons pas à développer cette répartition de pouvoirs, ce serait sortir de notre sujet.

La fonction judiciaire est actuellement entièrement enlevée à la province. Tous les magistrats qui l'exercent sont nommés par le Chef de l'Etat central. Dans une fédération ce serait une erreur théorique, quoique certains Etats confédérés admettent ce système. Ce qui ressortit à l'Etat c'est seulement la justice fédérale ; on en a vu les attributions spéciales dans les diverses législations que nous avons exposées. Il s'agit surtout de la décision des conflits entre provinces. Dans notre système qui attribue à la Confédération la confection de la Constitution et des lois ordinaires, il faut y joindre la Cour de cassation ; en effet, celle-ci a pour but de maintenir l'unité de jurisprudence, c'est-à-dire, en d'autres termes, l'unité de législation ; dans ce cas, la Cour de cassation a le caractère fédéral par excellence.

Mais les tribunaux ordinaires n'ont rien de fédéral ni de central, ils sont éminemment provinciaux, qu'ils siègent au chef-lieu de la province, ou dans un arrondissement.

La règle est que tout est provincial excepté ce qui est fédéral. Or, aucun motif ne peut fédéraliser les tribunaux jugeant les conflits entre citoyens. Tel est d'ailleurs le système de la Suisse que l'on peut prendre pour modèle en pareille matière.

Quant aux tribunaux inférieurs, aux justices de paix, ils sont communaux. Chaque groupe de communes en constitue un, en paie les traitements. La voie de recrutement de ses membres peut être toute différente.

La justice est donc nationale (fédérale), provinciale et communale.

Comment ces membres doivent-ils être nommés ? C'est une question que nous traiterons tout à l'heure quand nous arriverons au personnel.

La fonction administrative est celle qui, sauf de nombreuses subordinations, est laissée actuellement aux provinces et aux communes. Le pouvoir central ne peut décider sans elles ou contre leur volonté. Mais, sauf pour les actes de pure administration, il possède un droit de *veto* qui constitue la tutelle administrative. Cette tutelle doit entièrement disparaître. La province doit décider librement tous les actes d'administration et de disposition des biens qui la concernent. Son droit d'emprunt et d'impositions extraordinaires ne doit même pas être limité par l'Etat. Cependant il peut devenir excessif ; mais il existe alors deux remèdes. Les impôts de l'Etat seront dûs par la province ; en d'autres termes, l'impôt de l'Etat doit être perçu entièrement avant que celui de la province commence à l'être ; les ressources de la fédération ne pourront donc être compromises par les excès budgétaires des provinces. Puis, les emprunts et les impositions extraordinaires devront être ratifiés dans la province par le vote populaire ; celui des représentants ordinaires ne sera que provisoire. Ce n'est pas tout, le *referendum* lui-même n'a pas le droit d'engager les générations futures, ni même celle actuelle pour un trop long temps, car l'individu se modifie, et celui de demain n'est plus celui d'hier ; d'ailleurs, on ne sent pas le poids qui porte sur l'avenir et l'on peut ainsi s'engager imprudemment. L'emprunt ne pourra donc pas être remboursé par des annuités à très long terme, mais dans un délai restreint, par exemple, celui de dix années.

Ce que nous avons institué pour la province vaudrait aussi pour la commune.

La province exercerait ses fonctions administratives quant à la délibération par son Conseil général, quant à l'action par un chef librement élu par elle, lequel aurait sous ses ordres les fonctionnaires provinciaux. En effet, les administrations publiques ne formeraient plus un vaste réseau appartenant à l'Etat, si ce n'est pour celles qui sont relatives à la défense du pays, l'armée, la marine, les chemins de fer, les ambassades. Les autres seraient provinciales ; par exemple, les administrations financières. En effet, celles-ci n'auraient jamais à percevoir directement l'impôt dû à l'Etat, mais seulement celui dû à la province ; ce serait cette dernière qui, sur le produit de son propre impôt, prélèverait celui de l'Etat. De même, la police judiciaire et administrative serait provinciale. Le centre est déplacé ; les attributions de l'Etat ne seraient plus qu'exceptionnelles.

Telle serait la constitution de la province en ce qui concerne le matériel. Quelle serait-elle en ce qui concerne le personnel ?

Il devrait y avoir parfaite correspondance. Puisque, sauf exception, tout le matériel est provincialisé, le personnel doit suivre. Cela revient à dire que la province doit choisir tous les fonctionnaires, sauf ceux des administrations fédérales nommés par l'Etat et ceux des intérêts communaux choisis par la commune. S'agit-il d'instruction publique, l'Institut, le Collège de France, les établissements similaires concernent seuls l'Etat, sauf leurs droits propres Les Universités regardent seuls la province, ainsi que les lycées, elle en nomme seule les membres ; les instituteurs concernent les unions de communes ; car l'instruction, comme la justice, a divers stades où elle est nationale, provinciale ou communale. De même, la voirie qui ne s'étend pas au-delà de la province est provinciale.

Cette nomination des fonctionnaires par la province ou par la commune a de grands avantages. On ne les obligera plus ainsi à se rendre d'un bout du territoire à l'autre, ils ne seront pas inutilement dépaysés. Ils ne seront plus les esclaves du pouvoir central, inféodés à sa politique, descendant au-dessous de la conscience indépendante du *citoyen normal*. Si leur nomination dépend du choix, ils seront choisis par ceux qui les connaissent et non par ceux qui ne les connaissent pas. L'innovation serait certainement pour eux bienvenue. Elle aurait aussi ses inconvénients ; ils se trouveraient plus dépendants de certaines coteries locales ; c'est par le mode de nomination qu'on pourrait y remédier. L'avancement serait plus long, car il faudrait attendre une vacance dans un rayon plus petit, par conséquent, moins fréquent. Mais pourquoi l'avancement ne se ferait-il pas toujours sur place ?

Quel serait le mode de nomination ? Nous ne pouvons traiter ici ce sujet. Nous le ferons prochainement dans une monographie spéciale.

La province acquerrait ainsi son autonomie complète et respecterait celle de la commune. L'Etat central conserverait ses droits qui sont ceux de pure autorité fédérale. La commune à son tour serait autonome, elle ne serait soumise à la province qu'en matière provinciale, à l'Etat qu'en matière fédérale.

Chacune de ces unités : commune, province, Etat, aurait ses organes complets, corps délibérant, corps instruisant, personne agissant ; elle aurait ses trois fonctions : législative, judiciaire, administrative ; elle aurait son personnel de fonctionnaires ne ressortissant qu'à elle et dont elle aurait la nomination par des moyens appropriés.

Mais comment le lien fédéral s'établirait-il entre elles ?

Ce lien doit être double ; il doit monter de la

commune à la province, de la province à l'Etat ; il doit descendre de l'Etat à la province, de la province à la commune. Nous l'avons observé dans l'examen concret des divers pays fédératifs.

Un des caractères les plus essentiels de ce régime, c'est que les citoyens ne se contentent pas d'avoir une assemblée nationale les représentant suivant leur droit numérique et formant calque à échelle réduite du pays entier. Cette représentation est, en effet, celle qui existe dans les Etats unitaires, avec différence pourtant des attributions, puisqu'à une compétence universelle est substituée une compétence purement fédérale. Mais en outre, chaque province doit avoir dans la fédération sa représentation comme province. Le régime pur consiste même en ce que chacune n'envoie point des mandataires en raison de sa population, mais un nombre fixe, quelle que soit son étendue. Cette assemblée spéciale, qualifiée tantôt de conseil fédéral, tantôt de Sénat, ne s'occupe que de matières fédérales, mais même dans cette attribution restreinte dépend surtout de l'intérêt de chacune des provinces. C'est le lien direct entre la province et l'Etat. Partout où cette assemblée n'existe pas, le lien est incomplet. C'est un des critères essentiels du fédéralisme, et un de ceux qu'il faut conserver.

Théoriquement, il devrait en être de même de la commune à la province. Toutes les communes, comme telles, sans tenir compte du chiffre relatif de la population, devraient déléguer un de leurs membres de manière à former un conseil *intercommunal* qui concourrait avec le conseil général. Mais en pratique, cette conséquence logique du système n'a pas été appliquée. En France d'ailleurs le conseil général est plutôt un conseil intercommunal qu'un conseil provincial, puisque les membres en sont nommés en nombre égal par tous les cantons. Nous pensons que le conseil provincial devrait être élu par l'universalité des citoyens de la province répartis suivant la population en plusieurs collèges, et le conseil intercommunal, par chaque commune, comme telle.

L'autre lien qui part du sommet consiste à faire représenter l'Etat auprès de la province et la province auprès de la commune. Aujourd'hui l'Etat l'est près de la province par le préfet, mais comme celui-ci représente en même temps le département, la représentation est nulle. Il y aurait lieu de le maintenir dans son premier rôle, la province ayant désormais son chef distinct. Il en serait de même pour la commune en théorie; en pratique, un fonctionnaire de l'Etat ayant d'autres attributions en même temps, pourrait remplir ce rôle.

Mais ce qui contribue à affaiblir beaucoup l'autonomie provinciale, c'est l'action directe de l'Etat sur la commune *omisso medio*. Dès lors la province devient négligeable. On ne devrait pas pouvoir passer ainsi d'une extrémité à l'autre des diverses unités. L'Etat ne devrait agir, si cela est nécessaire, que sur la province, et la province ensuite sur la commune. Il en est tout autrement : la tutelle administrative sur la commune est exercée par l'Etat lui-même. Dans ces conditions, non-seulement aucune fédération, mais même aucune décentralisation véritable ne peut exister.

Telle serait notre organisation du régime fédératif ; il se réaliserait dans les trois unités fondamentales, la commune, la province, l'Etat.

N'y aurait-il pas d'autres unités intermédiaires ? Quelle serait d'ailleurs la circonscription de chacune de ces unités ?

La réponse à la seconde question doit précéder. Nous la discuterons pour la France, parce que l'on voit mieux sur un sujet concret et localisé.

En France, la province proprement dite a été remplacée par le département. Cette substitution a été faite dans un but unique, avoué, celui de détruire tout régime fédératif et d'établir l'unitarisme. Ces deux unités diffèrent beaucoup. La province avait sa racine ethnologique ; chacune possédait son patois, ses coutumes, son caractère vraiment particuliers, et presque toujours une communauté d'intérêts ; enfin elle était historique. Cependant, elle a deux inconvénients. Elle est trop étendue ; certaines, comme la Bretagne, renferment jusqu'à la valeur de cinq départements, la province devient alors une région. Par là-même, elle renferme des villes d'égale ou de presque égale importance qui peuvent prétendre au rôle de chef-lieu, enfin certaines parties se trouvent trop éloignées du centre politique représenté par celui-ci ; il n'y a plus de centre naturel de gravité. Puis les provinces ne peuvent s'égaliser les unes aux autres, il y en a de trop petites, les autres sont trop étendues ; l'histoire les a ainsi faites, plus que la géographie, et cependant celle-ci a aussi ses droits. Sous tous ces rapports, le département est préférable, mais il a le tort essentiel d'être artificiel. Il ne répond à rien en ethnologie, ni en histoire ; sa prétention est d'être géographique et il ne l'est pas. A l'intérieur il se forme souvent des villes d'égale importance qui pourraient se disputer le titre de chef-lieu.

Nous croyons qu'il ne faudrait ni reprendre l'ancienne province, ni conserver le département actuel. Prenons pour exemple la Bretagne : plusieurs villes peuvent y prétendre au titre de capitale, et en effet, il y a dans cette province aussi deux pays bien distincts : la Haute et la Basse-Bretagne ; dans la première on parle à la campagne le Gallot, dialecte français, dans l'autre la langue bretonne. Voilà donc très naturellement la Bretagne divisée en deux parties. La seconde aurait Brest pour capitale, elle comprendrait le Finistère, la moitié occidentale du Morbihan et des Côtes-du-Nord. La Haute-Bretagne formerait deux provinces distinctes, celles du Nord ayant Rennes pour chef-lieu et comprenant l'Ile-et-Vilaine et une partie des Côtes-du-Nord, l'autre ayant pour chef-lieu Nantes et comprenant suivant les affinités la Loire-Inférieure, une partie du Morbihan et une partie de la Vendée. Il en serait de même de la Normandie qui a deux parties très distinctes : la Haute-Normandie avec Rouen, la Basse-Normandie avec Caen. De même le Languedoc, la Guyenne trop vastes fourniraient plusieurs provinces nouvelles. Il n'est pas besoin que toutes soient d'égale grandeur ; certaines même disparaîtraient tout à fait.

Les communes à leur tour sont souvent trop petites, si les provinces étaient trop grandes. Elles n'ont pas de quoi subvenir aux frais généraux. Il existe des communes de 500 âmes ; ce sont, en réalité, des hameaux. Aussi dans les projets de décentralisation, on a proposé souvent de substituer le canton à la commune, celle-ci descendant au rang du village. Il faut une certaine importance en fait pour assurer l'autonomie en droit. Mais si la commune est trop petite, le canton est trop grand, et ses diverses fractions ont souvent des intérêts contraires. Il faudrait agrandir la commune, en annexant les trop petites aux grandes. Le nombre en serait réduit aux deux tiers. On pourrait réserver à chaque fraction certains droits particuliers. On obtiendrait ainsi de véritables et solides unités politiques ; maintenant on n'a que des *condensations* pulvérisées. La vie communale ne peut renaître qu'à ces conditions.

Telles seraient les *unités autonomiques*, intégrées. Faudrait-il conserver les unités intermédiaires actuelles ?

Une de ces unités est l'arrondissement. Son utilité est depuis longtemps contestée. Au point de vue administratif son importance est nulle ; elle est plus forte au point de vue judiciaire. Cependant l'arrondissement, si le département grandissait, aurait plus de raison d'être qu'actuellement, puisque ce serait le fractionnement plus nécessaire d'une unité plus grande; une ville relativement importante en est dès à présent le siège. Néanmoins, nous pensons qu'il y a lieu de le supprimer. Son utilité judiciaire disparaîtrait si l'on donnait plus d'extension à la compétence du juge de paix. D'ailleurs, les intermédiaires nombreux affaiblissent l'autonomie des unités. On peut tenir à sa paroisse, à sa province, à sa patrie; peut-on encore être le citoyen attaché à son canton et à son arrondissement? C'est fort douteux. Hé bien! une division, pour être réelle, ne doit pas être seulement géographique.

Mais le canton? Il aurait dû être conservé si la commune actuelle l'avait été; mais la commune élargie est presque un canton, et celui-ci doit alors disparaître, sa raison d'être est supprimée. Le juge de paix ne sera plus cantonal, mais communal, c'est là son véritable caractère; il pourra cependant réunir sous sa juridiction plusieurs communes; on reconnaît d'ailleurs aujourd'hui que son domaine est trop vaste.

Dans cette organisation, nous ne sommes entré dans les détails que pour la province, indiquant seulement ce qui est relatif à la commune. C'est que nous nous serions inutilement répété. L'organisation de la province doit se reproduire dans l'unité inférieure, la commune. Cependant quelques-uns des organes pourraient manquer, par exemple, le conseil inter-cantonal, ou le représentant permanent de l'autorité provinciale. Ici il faudrait tenir compte des possibilités pratiques.

Il nous reste à décrire l'extension éventuelle du système aux unités *supra-nationales*.

Le régime fédératif doit-il voir cesser son domaine d'application quand dans un pays il a dominé l'organisation nationale, ou peut-il s'étendre au dehors de nation en nation, de manière à former une confédération à la deuxième puissance, par exemple, entre peuples de même race ou de même civilisation ? En Europe, par exemple, il est certain qu'il existe des peuples qui ont de profondes affinités, qui ont été façonnés historiquement à peu près de la même manière, dont les langues sont plutôt des dialectes par rapport les unes aux autres. Elles devraient former des fédérations. Elles auraient une armée commune, en conservant ou sans conserver leurs armées particulières ; elles pourraient élaborer une législation identique ; elles posséderaient des *organes supra fédéraux*. Par exemple, tous les pays latins, la France, la Belgique, l'Italie, l'Espagne, le Portugal, formeraient l'Union latine ; il faudrait joindre toutes les républiques hispano-américaines. Il y aurait là un groupe formidable. D'autre part se formerait l'Union germanique : elle comprendrait l'Allemagne, l'Autriche, la Hollande, le Danemarck et la Suède. Puis le groupe Anglo-Américain comprendrait la Grande-Bretagne, les Etats-Unis, le Canada et leurs colonies. L'Union-Slave serait composée de la Russie et des populations slaves du sud. Ces groupes formidables se balanceraient. Dans chacun aucun des Etats réunis ne pourrait se faire la guerre. Il ne pourrait sans le consentement des autres la déclarer à un autre groupe. Les guerres seraient aussi presque toujours évitées. Chaque Union aurait son *gouvernement unioniste* commun, dont les attributions seraient les mêmes que celles du gouvernement fédéral dans chaque fédération de provinces.

Est ce le dernier terme de l'autonomie dans le fédéralisme? Nous osons en entrevoir un autre, celui du *fédéralisme universel* de toutes les nations civilisées. Ce serait le *fédéralisme à la troisième puissance*. Nous le croyons possible dans un temps plus ou moins rapproché; ce serait l'abolition de la guerre et de la paix armée. Mais en le décrivant nous sortirions du domaine immédiatement pratique, et en même temps peut-être de notre sujet.

L'existence de l'homme, ses idées, ses affections, son activité se réalisent dans des cercles concentriques : la *commune*, la *province*, la *nation*, la *race*, l'*humanité*; tous ces *cercles successifs* lui sont nécessaires, il lui en faut même de moindres, celui de la famille pour commencer ; chacun d'eux se découvre peu à peu à sa vue ; si l'un d'eux est supprimé, il se désoriente, s'égare, n'a plus son appui ; il devient ainsi privé d'une protection pour garantir son autonomie, son mouvement libre contre la pesanteur centrale et la tyrannie de cette pesanteur; il perd son initiative et sa valeur individuelle. Si, au contraire, on conserve à chaque cercle son domaine, s'ils sont hiérarchisés, mais non effacés l'un par l'autre, l'homme individuel se sent protégé pleinement par ces *circonvallations sociales* ; il vit d'abord dans sa maison et près de son foyer sacré contre lequel rien ne peut prévaloir, puis il devient citoyen volontaire de la commune pour laquelle il n'aliène que la partie de liberté nécessaire pour assurer sa vie et sa tranquillité ; là se termine son rôle civique ; c'est la commune à son tour, personne civile, mais agissante, qui aliène au profit de la province, seulement la partie de liberté nécessaire pour obtenir une défense mutuelle ; c'est ensuite la province qui n'aliène de ces droits ainsi conférés, et au profit de l'Etat, que ce qui est indispensable dans le même but. Le principe fédératif est la reconnaissance des droits de l'atome social, l'autonomie individuelle, que le principe unitaire détruit au profit d'un être fictif, l'Etat. Il rend à celui-ci son véritable caractère, celui d'une collectivité, c'est-à-dire d'une simple collection d'individus qui doivent non pas être gouvernés, mais gouverner eux-mêmes, aussi directement et d'aussi près que possible.

APPENDICE

I

DE L'APPLICATION CONCRÈTE DE L'ETAT FÉDÉRATIF A LA FRANCE PAR L'ÉTABLISSEMENT DE NOUVELLES PROVINCES.

Nous avons déjà touché ce point, mais nous voudrions entrer dans quelque détail. Il est impossible dans une organisation fédérative de conserver les départements actuels qui morcellent le territoire et subdivisent les différentes races qui composent la nation. D'autre part, si l'ancienne province correspond exactement à la division des races, elle ne répond nullement à celle du territoire et elle a l'inconvénient d'être disproportionnée. Certaines provinces étaient très grandes, d'autres très petites ; il suffit de jeter les yeux sur une carte pour s'en rendre compte. Quant aux dénominations, il faut, au contraire, qu'elles soient maintenues, car ce sont elles qui révèlent le caractère qu'il faut précisément conserver.

Un seul moyen existe pour vaincre cette difficulté, il consiste à reprendre en principe les anciennes provinces, telles qu'elles étaient, parce qu'elles forment une division ethnique objective, mais à les corriger par une division sous-ethnique, et à défaut par une division géographique, lorsqu'elles sont trop étendues. Quant à la dénomination, il faudrait, autant que possible, conserver celle de la province en la faisant précéder d'un sous-titre. Si cela se pouvait, on dénommerait la province nouvelle du nom de sa capitale, mais il faudrait le faire le moins possible pour ne pas causer d'antagonisme entre des villes également importantes. Enfin chaque province nouvelle ne devrait pas être trop étendue, car autrement il en résulterait un inconvénient réel pour les justiciables, les contri-buables, les administrés ; elle ne devrait guère dépasser trois départements actuels.

Dans un très intéressant ouvrage sur la décentralisation, un savant avocat du barreau de Caen, M. Lepelletier, a dressé un tableau des nouvelles provinces qui pourraient être substituées aux départements ; son effort, et il y a là un point essentiel, a porté sur l'égalisation, autant que possible, en population et en superficie, des provinces nouvelles ; d'autre part, il adopte un système consistant à donner à chacune d'elles, taillée dans les anciennes, le nom de son chef-lieu. Nous croyons utile de reproduire ici ce tableau :

Numéros	Provinces	Départements	Populations	Superficie
1	Lille	Nord, Pas-de-Calais	2,610.705	1,333.997ʰ
2	Amiens	Somme, Aisne, Oise	1,403,823	1,928,523
3	Versailles	Seine-et-Oise, Seine-et-Marne	985.210	1,151,921
4	Rouen	Seine-Inférieure, Eure	1,129,317	1,215,376
5	Caen	Calvados, Manche, Orne	1,327,147	1,716,635
6	Rennes	Ille-et-Vilaine, Côte-du-Nord, Finistère	1,972,539	2,034,804
7	Nantes	Loire-Inférieure, Morbihan, Vendée	1,632.088	2,039.837
8	Angers	Maine-et-Loire, Mayenne, Sarthe	1,280,713	1,850,360
9	Orléans	Loiret, Loire-et-Cher, Eure-et-Loire	942.750	1,900,851
10	Bourges	Indre, Cher, Nièvre	905.725	2,083,898
11	Poitiers	Vienne, Indre-et-Loire, Deux-Sèvres	1,035.945	1,907,967
12	Limoges	Haute-Vienne, Charente, Creuse, Corrèze	1,345.016	2,290,344
13	Clermont-Ferrand	Puy-de-Dôme, Cantal, Haute-Loire, Allier	1,544.084	2,596,575
14	Bordeaux	Gironde, Dordogne, Charente-Inférieure	1,638.201	2,598,751
15	Agen	Lot-et-Garonne, Lot, Tarn-et-Garonne, Gers	1,016.925	2,053,938
16	Pau	Basses-Pyrénées, Hautes-Pyrénées, Landes	948,73	2,145,462
17	Toulouse	Haute-Garonne, Ariège, Pyrénées-Orientales, Aude	1,227,371	2,141.507
18	Montpellier	Hérault, Tarn, Aveyron	1,108.857	2,068,850
19	Nimes	Gard, Vaucluse, Lozère, Ardèche	1,161,595	2,008.583
20	Marseille	Bouches-du-Rhône, Var, Basses-Alpes, Alpes-Maritimes	1.341,824	2,179.315
21	Grenoble	Isère, Drôme, Hautes-Alpes	994,086	2,032 032
22	Chambéry	Savoie, Haute-Savoie, Ain	888,471	1,598,004
23	Lyon	Rhône, Loire	1,423.964	763.311
24	Dijon	Saône-et-Loire, Côte-d Or, Yonne	1,341,077	2,474,386
25	Besançon	Doubs, Jura, Haute-Saône, Belfort	856.855	1,562,001
26	Troyes	Aube, Marne, Haute-Marne	933,773	2,040 036
27	Nancy	Marne, Ardennes, Meurthe-et-Moselle, Vosges	1,531,522	2,256,850

On voit que les anciennes provinces sont respectées dans ce tableau autant que possible, mais que le nom ne pouvant en être conservé à cause de leur fractionnement on y substitue partout la dénomination par la ville chef-lieu.

Nous l'adopterions volontiers, mais avec les rectifications suivantes :

Nous conserverions le nom de la province elle-même toutes les fois que cela serait possible, par exemple, au lieu de province de Rouen, on pourrait dire province de Haute-Normandie, et au lieu de province de Caen, province de Basse-Normandie. Le pays de 'Normandie a toujours été divisé ainsi, de même que la Bretagne l'a toujours été en Haute et en Basse-Bretagne. De même, le nom de province de Versailles ne convient pas au département actuel de Seine-et-Marne ; on pourrait conserver la dénomination d'Ille-de-France, sauf à en chercher une autre pour les autres départements de cette ancienne province. La Somme, l'Aisne et l'Oise réunies pourraient prendre le nom de Picardie, quoique la première y appartint seule autrefois. La province composée de Mayenne, Sarthe et Maine-et-Loire pourrait prendre la dénomination de Maine-Anjou. Enfin les départements du Nord et du Pas-de-Calais formeraient la seule province de Flandre. Voilà quant aux dénominations. Cependant on peut hésiter entre les noms des provinces ainsi divisées ou réunies, et le nom emprunté au chef-lieu. Certains esprits sont effrayés par la couleur ancienne des noms des provinces ; ils ne veulent aller ni en avant ni en arrière, et ont pour seul idéal *le statu quo* ; la province dénommée par son chef-lieu les concilierait à l'innovation. Mais elle aurait souvent l'inconvénient de donner l'avantage à une capitale sur une autre, au détriment de celle-ci ; c'est d'ailleurs ce qui arrive aujourd'hui dans l'intérieur d'un même département où l'on trouve rivalisant : Brest avec Quimper, Lorient avec Vannes, Saint-Nazaire avec Nantes ; c'est ce qui se produirait plus souvent ainsi.

Si de la dénomination nous passons aux divisions elles-mêmes, nous ferions à ce tableau quelques modifications. Le principe serait le suivant. Les circonscriptions des anciennes provinces, lesquelles correspondent aux divisions de race seraient conservées toutes les fois que la province ne serait pas démesurément grande ou petite. Dans le premier cas, on devrait diviser conformément aux divisions intérieures de race révélée par les langues, les patois ou certaines limites géographiques. Dans le second, on ne devrait réunir que des provinces ayant entre elles une affinité historique.

C'est ainsi que les provinces trop grandes sont la Normandie, la Bretagne, la Champagne, la Guienne et Gascogne, le Languedoc, l'Ile-de France, la Bourgogne, que les trop petites sont la Touraine, l'Anjou, le Nivernais, le Bourbonnais, la Marche, le Limousin, l'Angoumois, la Saintonge, le Lyonnais, l'Etat d'Avignon, Nice. Toutes les autres peuvent être maintenues sans modification.

La Normandie se divise bien en Haute et Basse-Normandie, l'une ayant pour capitale Rouen et l'autre Caen, comme au tableau. La Bretagne se tranche par une coupe verticale, en pays où l'on parle le breton, et pays Gallot, Basse et Haute-Bretagne, la première comprenant le Finistère, une partie du Morbihan, des Côtes-du-Nord, l'autre, l'Ille-et-Vilaine, plus une partie des Côtes-du-Nord et du Morbihan. Quant à la Loire-Inférieure, elle se distingue du reste de la Bretagne et a beaucoup d'affinité avec de petites provinces, l'Anjou et la Touraine avec lesquelles elle est d'ailleurs reliée par le cours de la Loire. On réunirait donc le pays nantais, l'Anjou et la Touraine en une seule province qu'on pourrait appeler la province de la Loire, ou l'Anjou, et dont la capitale serait Nantes. L'ancienne Guienne et Gascogne avec le Béarn formerait une province composée de la Gironde, de la Dordogne et du Lot-et-Garonne, une autre de l'Aveyron, de Tarn-et-Garonne et du Lot, une troisième réunissant les Landes, les Basses-Pyrénées, le Gers et les Hautes Pyrénées. Le Languedoc auquel on réunirait le Roussillon et le Comté-de-Foix, comprendrait deux provinces ; l'une serait composée du Roussillon, du Comté-de-Foix et des départements du Tarn, de l'Aude et de l'Hérault en partie, et l'autre d'une partie de l'Hérault, du Gard, de la Lozère, de l'Ardèche. La Champagne serait dégarnie simplement de l'Ain qu'on réunirait au Lyonnais. Les départements de l'Aine et de l'Oise resteraient à l'Ille-de-France dégarnie de Paris formant un territoire fédéral spécial ou seraient réunis à la Picardie.

Quant aux provinces trop petites nous venons déjà d'en annexer quelques-unes. Parmi les autres, la Flandre, l'Artois, et même peut-être la Picardie, seraient réunis en une seule province. On réunirait le Bourbonnais et le Nivernais, d'autre part, l'Angoumois, l'Aunis et la Saintonge ; le Berry, la Marche ; Avignon et Nice seraient annexés à la Provence.

Il ne nous paraît pas nécessaire que toutes les provinces aient exactement le même nombre d'habitants, ni la même superficie. Au contraire, cette égalité parfaite nous semblerait défavorable à l'autonomie provinciale, et réduirait la province à une simple circonscription. Il ne faut pas sans doute que les différences soient trop grandes, ce qui nuirait à l'administration politique ou judiciaire, mais cela suffit.

Dans chaque province, un choix serait fait d'une capitale, et pour ce choix on consulterait d'abord le chiffre de la population, ainsi toute compétition serait évitée. Cependant d'autres considérations pourraient prévaloir, mais toujours objectives. Par exemple, dans les provinces maritimes on pourrait préférer des villes situées sur les côtes. A peu de différence de population, on préférerait aussi une ville sise au centre de la province.

Enfin, comme nous le verrons dans une autre annexe, Paris aurait une situation spéciale, et ne s'appartiendrait pas à elle-même, mais à la France, comme ville fédérale.

C'est dans la capitale de chaque province que ré-

sideraient le Chef de la province et les assemblées dé-
libérantes provinciales. C'est là qu'auraient lieu les
assises au criminel, que seraient placés les juridictions d'appel si elles étaient conservées, et les tribunaux jugeant au delà d'un certain chiffre et certaines
affaires importantes, les commandements militaires, les Universités y auraient leur siège nécessaire. Enfin, en dehors des élections faites par
circonscriptions territoriales égales et ayant pour but
de nommer la Chambre des députés, chaque province,
malgré l'inégalité de son territoire ou du
nombre de ses habitants, nommerait le même
nombre de délégués au Conseil des Etats ou Conseil
fédéral.

II

DES UNITÉS INTERMÉDIAIRES ENTRE LA PROVINCE ET LA COMMUNE

Nous n'avons admis que trois unités concentriques
d'une nation : l'Etat fédéral, la province, la commune. Entre les deux dernières y a-t-il lieu d'établir·
des unités *intermédiaires* : cantons, arrondissements,
districts, cercles, etc. Beaucoup le pensent. En
France, en particulier, existent les arrondissements
et les cantons, et même avec la province recons-

truite, quelques-uns voudraient conserver les départements. On aurait ainsi de nombreux échelons. A
l'Etranger, dans les Etats monarchiques, ces degrés
existent aussi ; ils disparaissent dans les Etats républicains, par exemple, aux Etats-Unis et en Suisse.
Chez nous le centre n'est qu'une circonscription, administrative en partie seulement, et judiciaire ; il en
est de même de l'arrondissement. Ni l'un ni l'autre
ne possèdent la capacité civile.

En thèse, on ne saurait multiplier sans inconvénient
les cercles concentriques, sous peine de les affaiblir
tous. On peut bien d'une manière active être membre
de sa commune, de sa province, de sa patrie ; il y a
là des divisions naturelles, adéquates à la race, et
qu'on peut nettement non seulement comprendre,
mais sentir. Il n'en est plus de même lorsqu'il s'agit
des autres divisions, La sensation de l'arrondissement,
par exemple, n'est pas encore née et ne naîtra jamais.
Il n'y a là tout au plus qu'une commodité administrative. Le département lui-même n'a pu devenir sensible, ni avec ses noms effacés, ni avec sa formation
arbitraire. Le canton s'est mieux greffé, parce que ce
n'est qu'une grande commune, qu'une commune
pourvue de tous ses organes. Cependant beaucoup de
partisans de la décentralisation voudraient conserver
toutes ces divisions qui formeraient autant d'at-
taches successives. Un tel système est contraire à la
théorie qui ne veut que des divisions simples et essentielles. Ce qui abonde vicie, contrairement au pro-
verbe : ce qui est superflu nuit à ce qui est essentiel.

En pratique, il en est de même. Non seulement la multiplication des cercles concentriques fédéralisés entraîne de nombreuses complications et beaucoup de frais sans compensation évidente, mais elle nuit à la simplicité qui concerne la pratique plus encore que la théorie. Tout d'abord, si l'on conserve le département, à quoi bon avoir retrouvé la province qui se compose de trois à quatre départements! D'ailleurs, le département n'a en soi aucune raison d'être. Il éveille souvent la compétition entre deux villes qui ont des droits égaux à l'hégémonie. Son chef-lieu est très éloigné de beaucoup de localités et sans relation avec elles. On a beaucoup agité dans ces derniers temps la question de supprimer les arrondissements et de les remplacer par le département au point de vue administratif et judiciaire. Il y a là une erreur contemporaine, née du besoin d'innover ou de paraître, innover sans réfléchir. S'il fallait considérer l'un des deux, l'arrondissement aurait plus de droit que le département, d'abord à un point de vue général, puis à celui administratif, enfin à celui judiciaire. Presque toujours le chef-lieu de l'arrondissement est une ville, quelquefois importante, à laquelle se relient tous les bourgs et les campagnes dans un certain rayon ; pour rompre ce lien et pour les rattacher à une ville plus éloignée, chef-lieu du département, il faut un violent effort. Citons quelques exemples. Les habitants du littoral du Nord du département d'Ille-et-Vilaine auront leur capitale bien plus naturellement à Saint-Malo qu'à Rennes. Est-il

vraisemblable de subordonner Quimper à Brest, Lorient à Vannes, et au point de vue judiciaire, Marseille
à Aix, ou ailleurs, au contraire, Lille à Douai ? Pourquoi le Hâvre est-il inférieur à Rouen ? Ce sont autant d'anomalies, qui prouvent la faiblesse du chef-
lieu du département vis-à-vis de l'arrondissement.

Si, du point de vue général, nous passons au point
de vue judiciaire, on se demande quel avantage il y
aurait à placer la juridiction de droit commun au chef-
lieu du département. La considération principale
doit être la commodité pour le justiciable, et non l'importance du chef-lieu ; or, le département est assez
vaste, pour que, si la capitale est à l'une des extrémités ou même au centre, certaines de ses parties en
soient très éloignées. Pour la justice ordinaire, le
chef-lieu d'arrondissement serait mieux placé ; c'est
la première ville disponible, la plus rapprochée. Ad-
ministrativement, il en est de même ; le sous-préfet,
devenu préfet d'un arrondissement, pourrait administrer de plus près, et exercer une tutelle administrative plus consciente.

S'il en est ainsi lorsque le département existe, il en
serait de même à plus forte raison s'il était remplacé
par une unité supérieure et meilleure, la province,
qui prendrait pour elle tout ce qu'il peut avoir
d'avantageux.

Mais l'arrondissement doit disparaître à son tour.
Il n'a en réalité, pour lui que la circonstance qu'il
possède une ville et une ville rapprochée, un chef-
lieu. Mais qu'importe, si un chef-lieu n'est pas néces-

saire ! Dans l'instinct ethnique, l'arrondissement n'existe pas ; il n'existe pas davantage actuellement au point de vue administratif, car le sous-préfet, le conseil d'arrondissement, sont des ombres. Il n'a de racine qu'au point de vue judiciaire, et c'est précisément à ce point de vue qu'il est le plus combattu. Il prête, en effet, à critique sous le rapport budgétaire. Beaucoup de tribunaux d'arrondissement sont inoccupés et cependant rétribués. En outre, les fonctionnaires qui ont peu d'occupations finissent par moins bien les remplir. Cependant il est très avantageux pour les justiciables de ne pas aller au chef-lieu de département pour toute affaire dépassant 100 francs d'après la loi en vigueur, 300 francs d'après la réforme votée par le Sénat, et de limiter leur voyage au chef-lieu d'arrondissement. L'organisation judiciaire aurait un motif sérieux de conserver l'arrondissement, si cette organisation ne devait elle-même être transformée dans son ensemble. Le chef-lieu d'arrondissement est déjà beaucoup trop éloigné pour le plaideur ; cet éloignement lui cause une perte de temps et des frais. Pour toutes les affaires courantes, il lui faut un tribunal simple, peu coûteux, très rapproché de lui, la justice communale. Pour les affaires importantes qui ne se traitent que par avocat ou avoué, il pourra se rendre ou correspondre au chef-lieu de la province qui sera moins éloigné que celui de la Cour d'appel actuelle.

L'arrondissement n'a plus ainsi aucun motif de survivance, même au point de vue judiciaire, et par ailleurs, ses ombres de fonctionnaires ou de Corps peuvent disparaître sans laisser aucun souvenir. Reste, comme cercle intermédiaire, le canton. Y a-t-il lieu de le maintenir ?

Avant de résoudre cette question, examinons l'étendue de la commune. Comme nous l'avons dit dans cette étude, beaucoup de communes actuelles, celles de 500 âmes, par exemple, sont trop petites pour pouvoir faire face aux frais généraux et avoir, d'une manière réelle, tous les organes nécessaires ; il faudrait les réduire au rôle de sections de commune. Il ne resterait plus que celles qui ont un bourg assez important pour chef-lieu, un nombre d'habitants et un territoire qui assurent une autonomie effective. Cependant les plus importantes sont trop petites encore pour renfermer tous les organes sociaux développés, surtout ceux judiciaires. On ne peut établir un tribunal de justice de paix par commune. De là est née l'idée du canton. C'est une union de communes qui conservent toutes leur autonomie, mais qui se réunissent pour l'exercice de certaines fonctions, pour économiser les frais. Seulement cette union, au lieu d'être libre, est imposée par la loi, rigide, constituée pour toutes et pour toujours. Mais le canton reste une union, n'a pas de vie propre ; faut-il la lui donner ?

Non. Précisément parce qu'il n'est au fond qu'une union de communes, non pour toutes affaires, mais pour certaines seulement, et non un cercle concentrique normal, et parce qu'il ne serait pas utile, s'il devenait quelque chose de plus. En matière judiciaire, chaque commune ne pouvant avoir son juge de paix, se réunit à plusieurs autres pour en acquérir un en commun ; elle s'y réunit aussi pour ne nommer au conseil général qu'un seul conseiller cantonal. Cela est si vrai qu'une loi récente ne voulant attribuer en matière judiciaire aucune prérogative au chef-lieu de canton, au canton, comme canton, permet au juge de paix d'aller siéger alternativement dans les différentes communes. Le canton n'est donc constitué que pour l'accomplissement en commun de certaines fonctions communales. C'est une union, ce n'est pas un cercle concentrique.

Il doit être conservé, mais avec deux modifications : 1º il ne doit pas avoir de chef-lieu proprement dit, le magistrat devra siéger successivement dans les différentes communes, ce qui réalisera la justice communale, 2º cette juridiction doit être exercée pour toutes les affaires qui n'excédent pas la valeur de 3.000 fr. et qui ne sont pas des droits de famille, sauf appel, s'il y a lieu, dans certain cas devant le tribunal de province, 3º elle doit être tenue par un magistrat inamovible statuant avec deux assesseurs jurés, 4º elle doit statuer en matière pénale sur la plupart des délits, 5º chaque canton devra élire le chef et le Conseil de la province, 6º enfin, et c'est un point important, pour rester communale et n'être pas cantonale, l'union des communes ne doit pas être fixée par voie d'autorité, mais rester libre, sauf établissement d'un maximum et d'un minimum de communes pour l'union. Ce sont les communes elles-mêmes qui savent le mieux avec quelles autres elles ont intérêt à se trouver unies temporairement. Si la nation, si la province, si la commune doivent être fixes parce qu'elles tiennent non à la volonté, mais à la nécessité de la race, les unions de communes n'ont rien de tel, et elles doivent rester volontaires. Telle serait la signification précise du maintien du canton.

En matière judiciaire, ce qui dépassera la compétence très élargie du juge de paix du canton sera jugé par le tribunal du chef-lieu de la province, soit directement, soit sur appel de la sentence de paix. Quant à l'appel des décisions du tribunal provincial, aucune Cour d'appel ne sera érigée pour le recevoir. L'appel, si cette institution est conservée, sera porté au tribunal d'une province voisine. Cet appel *mutuelliste* n'est pas une idée nouvelle. Elle a été mise en vigueur en France pendant la durée du droit intermédiaire. La Cour d'appel ne donne aucune garantie spéciale au justiciable, sa décision n'est ni plus éclairée, ni plus sûre que celle du juge de première instance lorsqu'elle le réforme. Il faudrait en raison une troisième décision pour départager. C'est ce qui aura lieu lorsque deux tribunaux de province par suite de l'appel auront rendu deux décisions contraires. Un tribunal spécial, un tribunal national qui sera pour le fait ce que la Cour de Cassation est pour le droit, décidera alors souverainement.

Il ne restera ainsi et il ne doit rester que trois cercles concentriques permanents : le pays, la province, la commune ; il ne survivra pas de circonscriptions intermédiaires et vides.

III

DU TERRITOIRE FÉDÉRAL — DE LA SITUATION NOUVELLE DES CAPITALES, NOTAMMENT DE PARIS

Lorsqu'un certain nombre d'Etats se réunissent pour former une confédération, souvent ils choisissent l'un d'eux ou plutôt la capitale de l'un d'eux pour être le siège de cette Confédération. C'est ainsi que la Suisse a préféré le canton et la ville de Berne. Il n'en résulte pas de prééminence ni d'hégémonie. C'est un lieu nécessaire pour s'assembler et délibérer. La capitale n'a d'ailleurs pas une importance qui puisse porter ombrage. Il en est autrement dans la Confédération allemande ; la Prusse a l'hégémonie véritable et de cette hégémonie résulte le danger de l'unification future. Les Républiques fédératives du Nouveau-Monde l'ont bien senti ; aussi elles n'ont pas toutes voulu choisir l'un de leurs Etats comme siège du Congrès, mais elles ont créé un territoire neutre, un *territoire fédéral*, qui n'a aucune autonomie propre, mais appartient à la fédération. Tantôt sur ce territoire cette ville fédérale est à créer ; tantôt elle existe déjà, mais ne s'appartiendra plus et est frappée de fédéralité par une sorte d'*expropria-*

tion pour cause d'utilité fédérale. C'est ainsi qu'au Vénézuela, les Etats doivent fournir un district inhabité où l'on élèvera une capitale ; qu'aux Etats-Unis, l'Etat de Colombie avec la ville de Washington est devenu district fédéral. Lorsqu'on veut la fédération sans hégémonie, cette mesure est indispensable ; sans doute, la hiérarchie n'est pas détruite, et il ne faut pas qu'elle le soit, mais elle n'existe plus que d'Etats à Fédération et non plus d'Etat à Etat ; cette précaution s'impose, si l'on ne veut point passer lentement du fédéralisme à l'unitarisme.

On ne voit pas, en effet, pourquoi l'une des provinces serait choisie pour être le siége du gouvernement fédéral, l'importance de sa capitale ne saurait être un motif suffisant ; que si cette capitale est nécessaire à la fédération, on doit la lui exproprier, et elle s'en formera une autre. Autrement, l'Etat où elle se trouve deviendra vite prépondérant.

Ce n'est pas l'Etat qui commettra seul cette usurpation : mais la capitale elle-même. Etant à la fois autonome et siège de la fédération, elle cherchera à s'emparer à son profit de cette fédéralité, elle commandera en maître ; à l'Assemblée fédérale, elle opposera, souvent avec succès, son assemblée municipale. Quelquefois elle parviendra à donner des ordres à tout le pays. Ce résultat pourra se produire, même dans l'Etat unitaire où la capitale peut contrebalancer seule toutes les autres villes et les campagnes réunies, élargir la forme du gouvernement, faire des révolutions et se subordonner l'assemblée nationale.

Il est facile de faire l'application concrète de ces observations à la France, quoique ce soit un pays unitaire. La capitale y a pris une importance exceptionnelle et de nature à tenir le reste du pays en échec. Il suffit de se reporter à la période révolutionnaire pour le constater. La commune de Paris dominait alors non seulement l'Assemblée constituante et la Législative, en vertu des principes républicains qu'elle arborait plus franchement, mais même la Convention. Elle devint menaçante pour celle-ci, et par son influence obéie, régnait sur toute la France. Il y avait en réalité, deux gouvernements, l'un français, l'autre parisien, ce dernier plus effectif. Toutes les révolutions qui ont eu lieu depuis, celle de 1830, celle de 1848, celle de 1870 ont été plus parisiennes que françaises, sans doute la France les a plus tard ratifiées, mais elle ne les eût point faites. Elle résista pourtant à celle de 1871 qui suivit la guerre franco-allemande, et qui avorta, parce qu'elle resta parisienne. A ce moment Paris était à Paris, et la France était à Versailles ; il y eût entre les deux un choc violent. La guerre avait un moment décentralisé le pays. Paris avait ainsi perdu son influence exclusive. A partir de cette époque, son action fut combattue par diverses lois de décentralisation, des pouvoirs furent donnés aux conseils généraux pour former, le cas échéant, une assemblée nationale de province. Les Chambres ne rentrèrent à Paris qu'avec défiance ; pour l'élection du président de la République, elles se transportent encore ailleurs,

Versailles est devenue la capitale subsidiaire, le territoire fédéral neutre. Cependant le Conseil municipal parisien entend, au moins, rester maître, en ce qui concerne les intérêts de la ville, secoue la tutelle administrative, et se transformant à chaque instant en Conseil politique, veut reprendre le rôle qu'il eut à l'époque révolutionnaire. Il est à la Chambre, dans le sens avancé, ce que le Sénat est à la même Chambre dans le sens du *statu quo*. Les Députés se trouvent à chaque instant secoués en arrière par le Sénat, en avant par le Conseil municipal de Paris. En revanche, ils cherchent à restreindre le pouvoir de celui-ci, même pour ses attributions municipales, fractionnent les mairies, les mettent sous une tutelle administrative étroite, lui retirent en partie la police, lui refusent les immunités accordées aux autres villes. C'est une lutte sourde et continue qui éclate à chaque instant. Du reste, le Conseil municipal est un stage pour les futurs députés de Paris, qui s'y mettent en vue par des revendications intégrales. Quelquefois, nous ne le nions pas, ce conflit a eu de bons effets. Une capitale est la tête du pays, et vaut certainement mieux que chacun des membres pris à part. Paris d'ailleurs ne se compose pas en majorité de Parisiens, mais comprend l'élite de tout le pays, mêlée souvent à sa boue, mais qu'importe ! l'élément supérieur y est très intense, et la domination est celle d'une sorte d'aristocratie intellectuelle. Mais cependant cette action est mortelle pour l'indépendance et l'autonomie de la province.

Elle est contraire aussi aux principes. Le pays entier a le droit de se gouverner lui-même, sans en donner mission à aucune de ses parties. L'aristocratie dominant exclusivement, même celle intellectuelle, réalise une injustice qu'on doit empêcher, quoiqu'elle ait pu dans certaines circonstances agir dans l'intérêt de tous.

Mais les moyens qu'on a essayés pour remédier à ce mal sont tous mauvais. On a voulu d'abord décapiter la France, c'est-à-dire transporter le siège du gouvernement ailleurs, à ses portes, à Versailles, par exemple ; des esprits plus absolus proposent de l'éloigner davantage. C'est ruiner le passé, le passé glorieux de la France. Les Parisiens ont toujours marché en avant soit pour la défense contre l'ennemi, soit pour la revendication des libertés ; ils favorisent encore ce qui est généreux et juste, ils n'ont point les préjugés trop étroits de la province, ils ne méritent donc point cette dégradation. Cette dernière serait d'ailleurs plus nuisible à la France qu'à Paris même. Quoi de plus fâcheux pour un corps vivant que de le décapiter ! Que pourront les membres sans l'aboutissement du système nerveux? Paris dans le gouvernement le plus fédératif doit rester capitale.

Le second moyen, appliqué contre Paris ne vaut pas mieux. Il s'agit de le conserver, mais de lui retirer sa force. Le Conseil municipal de la capitale n'a point des droits aussi étendus que ceux des autres communes ; les mairies des arrondissements n'appartiennent point à ses délégués, c'est dire que le pouvoir exécutif communal lui échappe ; pour les délibérations la tutelle administrative est plus rigoureuse. Nous n'avons pas à entrer dans les détails bien connus de tous.

La difficulté cependant semble devenir inextricable. Si Paris n'est pas subordonné à la France, il la dominera ; s'il n'est plus capitale, la France sera décapitée. Sans doute ; il faut que Paris capitale, sans disparaître, se subordonne au pays, qu'il n'y ait plus entre eux d'antagonisme meurtrier. Mais le mode de subordination choisi était mauvais, on imposait à la capitale une dépendance administrative, elle relevait du pouvoir exécutif de la nation. C'est de son pouvoir législatif qu'elle aurait du dépendre. Bien plus, l'antagonisme subsisterait encore entre le pouvoir législatif de la France et celui quasi-législatif de Paris. Il faut que l'un absorbe l'autre, en d'autres termes, que Paris n'appartienne pas à Paris seulement, mais à la France entière.

Cela n'est possible que par une sorte d'expropriation pour cause d'utilité fédérale. Paris serait le territoire fédéral ne formant aucun Etat particulier, mais la Confédération même, comme les capitales de plusieurs des fédérations américaines. C'est le *Parlement de la France* qui serait en même temps le *Conseil municipal de Paris*, et qui règlerait tout ce qui le concerne. Par contre, toutes les charges du budget parisien deviendraient charges du budget français. Ne serait-ce pas justice ? Tous les travaux de la capitale profitent non à elle seulement, mais à tout le pays : c'est celui-ci qui doit les payer. Il en est de même de toutes les grandes institutions d'instruction publique. La *fédéralisation de Paris* serait donc le couronnement nécessaire de la construction fédérale.

Elle aurait par surcroît l'avantage de mettre fin à un antagonisme incessant et dangereux.

Mais cette idée n'est pas applicable à Paris seul. De même que l'Etat est la fédération de toutes les provinces, la province est la fédération de toutes les communes. Il serait juste que la capitale de chaque province nouvelle n'appartint point à une ville, à une commune, mais à la province toute entière ; elle serait expropriée à son tour par voie d'*expropriation pour utilité publique provinciale*. Ce serait le Conseil provincial qui y jouerait le rôle de Conseil municipal.

Les motifs sont les mêmes. Tous les édifices, les établissements d'instructions du chef-lieu profitent en partie à la province toute entière. Celle-ci doit en supporter les charges ; d'ailleurs elle a plus de ressources pour le faire, et l'intégration sera ainsi plus complète. Elle aura notamment là le siège de l'Université provinciale qui ne saurait être entretenue par la ville seule. D'ailleurs, aujourd'hui même les dépenses de chef-lieu de département sont en partie à la charge de la ville, en partie à celle de la province. Mais il y a dans cette répartition un écheveau inextricable.

La province doit plutôt se payer entièrement sa capitale, mais dès lors celle-ci doit lui appartenir en entier. Est-ce que d'ailleurs dans une simple commune, les dépenses du chef lieu, du bourg, ne sont pas à la charge de la commune entière, et est-ce qu'on a jamais eu la prétention de les faire supporter par le bourg seul ?

En résumé, il doit y avoir un *territoire neutre fédéral*, et des *territoires neutres provinciaux*. Le territoire neutre fédéral sera en France la ville de Paris.

IV

DE LA BASE COMMUNALE DE LA FÉDÉRATION

Dans tous les systèmes de décentralisation qui se font jour, même dans les plus larges, on part toujours de cette idée que l'unité normale est l'Etat, que le département ou province, les arrondissements, les cantons, les communes en sont les sous-multiples et nous-même nous avons admis cette formule pour la commodité de l'exposition. Mais toutes les réformes proposées se ressentent de cette erreur fondamentale. La pyramide est renversée et placée sur son sommet. La seule unité primitive et première, c'est la commune. C'est d'elle que sont partis dans l'histoire tous les affranchissements, et elle restera la base d'un gouvernement libre. Le département, l'Etat, sont *ses multiples*.

Le procédé actuel de subordination complète de la commune se fait sentir non seulement d'une manière directe par la tutelle administrative, mais de mille façons indirectes. C'est ainsi que les ressources financières de la commune sont greffées sur celles de l'Etat sous forme de centimes additionnels ; il en est de même d'ailleurs pour celles de la province. C'est le contraire qui devrait exister. L'impôt devrait être perçu par la commune et à son profit, mais sur le produit elle fournirait à la province et à l'Etat ce qui leur est nécessaire pour leur entretien.

Un bénéfice de l'Etat qui devrait appartenir à la commune, c'est celui des successions en déshérence. Lorsque quelqu'un décède sans parents, quels sont ceux qui tiennent à lui de plus près, qui sont ou peuvent être ses amis ? Ce sont ses concitoyens rapprochés et non ceux qui demeurent à une centaine de lieues. On ne s'intéresse guère à l'Etat comme caisse publique, mais beaucoup à sa commune. Aussi la plupart des législations civiles hispano-américaines attribuent-elles à la commune ces successions, en ajoutant qu'elles devront les employer surtout à des œuvres de bienfaisance. Cette attribution est beaucoup plus pratique et convenable, mais en théorie elle est aussi la seule logique. Les habitants d'une même commune sont liés très souvent entre eux par une parenté plus ou moins éloignée, or, le droit de succession est attaché à la parenté ; l'ordre de succession de la commune répondrait à celui des *gentiles* du droit romain.

Une autre vérité méconnue, c'est celle de la justice communale. C'est elle qui doit être le point de départ, et les autres justices supérieures ne devront en être que la délégation. Or, c'est le contraire qui existe aujourd'hui. Il y a bien une justice communale au canton, celle des juges de paix, mais au lieu d'être de droit commun, elle est d'exception. Ses membres sont amovibles au milieu des autres inamovibles ; elle ne connaît pas de l'exécution de ses jugements, est presque toujours sujette à appel, n'a compétence que pour les affaires minimes. Cependant c'est à côté de soi que chacun aurait besoin de trouver un juge. Pour cela, il faudrait que ce juge, suffisamment capable et entouré dans certains cas de jurés assesseurs, put juger toutes affaires, sauf celles particulièrement importantes qui seraient réservées à un juge supérieur. Ce serait le contre-pied de la situation actuelle.

Cette sorte de confiscation par l'Etat du rôle primitif et naturel de la commune a soulevé des revendications violentes, en particulier, dans des époques troublées, où l'Etat semblait avoir failli à ses devoirs, condition des droits par lui usurpés. C'est dans ces circonstances qu'apparut en 1871 la Commune de Paris. Dans son système, la Commune devait, au lieu de l'Etat, quoique sans supprimer celui-ci, former la base et l'unité normale du gouvernement. Ce que des communes rurales n'auraient plus réclamer, le fut par des villes, Paris et d'autres centres. Nous n'apprécions ici cet événement qu'au point de vue sociologique, et non au point de vue politique. Ce fut une protestation contre l'omnipotence de l'Etat et un l'essai de revenir au système primitif de vie communale, elle devait résulter de l'excès de centralisation. Mais elle eut le tort de vouloir dominer la France, c'était sortir de la revendication communale et détruire l'Etat, comme celui-ci avait détruit la vie communale. Aussi l'Etat se défendit-il, et Paris contre Versailles, Versailles contre Paris succédèrent dans leur lutte à l'Allemagne contre la France. Dans tous les moments de détresse on retourne au stade social élémentaire par la dissociation mécanique des éléments.

V

DE LA REPRÉSENTATION EFFECTIVE DES MINORITÉS AU
MOYEN DE L'ÉTAT FÉDÉRATIF

La représentation des minorités est un des soucis des publicistes contemporains, et elle est même entrée dans la sphère d'activité constitutionnelle ; des systèmes nombreux ont été proposés pour la réaliser, et nous-même nous en avons indiqué un qui nous a semblé propre à l'appliquer, mais nous n'avons pas à nous occuper des moyens ici, mais seulement du principe. Dans la situation constitutionnelle actuelle, il est théoriquement possible que la moitié moins un des électeurs ne soit pas représentée au Parlement réellement, en pratique, il y en a certainement un grand nombre dans ce cas ; le gouvernement du pays par lui-même n'existe pas. On avait pensé d'abord qu'il fallait céder à la majorité, quelque faible qu'elle fut, sous peine de désordre social ; réflexion faite on a découvert que la majorité à laquelle on doit céder est celle qui résulte de la délibération des élus sur telle ou telle question, mais que ces élus doivent représenter non la majorité seule de la nation, mais la nation entière, être le pays lui-même à une échelle réduite, de là la représentation proportionnelle. Sans doute la minorité dans le pays sera minorité dans la Chambre ; mais elle discutera, délibérera, pourra modifier les opinions de la majorité, d'abord sur les questions non politiques, puis même sur celles-ci, tant la conviction est communicative, et tant les minorités ont l'action intense. Bien plus ; si la minorité ne peut faire prévaloir ses opinions par ce jeu simple, elle peut en employer un autre mécaniquement victorieux. Il n'existe pas dans un pays qu'une minorité, il y en a plusieurs ; et deux minorités peuvent être ensemble plus nombreuses que la majorité, alors elles peuvent se réunir et triompher ainsi pour renverser un ministère ou faire passer une loi. C'est la coalition des partis, bien connue.

Cela est vrai, et nous avons préconisé ailleurs ce principe très juste. Cependant on y a fait une objection grave. La voici. Sans doute, si les hommes n'avaient point de préjugés, si les députés discutaient et votaient d'une manière objective, la représentation exacte des minorités aurait un grand effet ; mais il

14

en est autrement et ce serait bien peu connaître les hommes que de croire qu'ils ne songent qu'à la justesse de telle proposition ; ils obéissent presque toujours au mot d'ordre de leur parti, c'est dire que les convaincre est d'avance impossible. Dès lors, à quoi bon le débat !

Il reste, il est vrai, la ressource de la coalition des partis. Mais cette coalition est rare et temporaire. La majorité compacte triomphe presque toujours. D'ailleurs, la coalition peut renverser, empêcher, mais elle est impuissante à fonder, elle fait œuvre de mort.

Que si elle réussit, elle rend tout gouvernement impossible, il n'y a plus de majorité capable de le soutenir. Cette absence d'orientation n'est-elle pas un mal sérieux !

Ces objections sont exagérées, mais justes en substance, surtout la première. La représentation des minorités, même réalisée, manque souvent son but, elle ne change pas les décisions d'un Parlement, il est vrai que dans ce cas elle sera située au moins de manière à prévenir le public. La contradiction est toujours utile, c'est un frein à toutes les omnipotences.

Mais l'Etat fédératif nous donne par son seul ressort une représentation des minorités bien plus effective et aussi plus considérable. Supposons la France divisée en plusieurs provinces autonomes, sauf le sacrifice d'une simple fraction de leur souveraineté à la Nation. Que-va-t-il se passer ? Une de ces provinces peut avoir en majorité les opinions d'une minorité dans le pays ; elle appartient, par exemple, à l'un de ses antipodes, au parti dit conservateur ou réactionnaire, suivant que ce sont ses amis ou ses ennemis qui parlent, ou au parti socialiste. Elle a certainement le droit de se gouverner intérieurement suivant ces idées, pourvu qu'elle ne porte pas atteinte à la fédération ; elle nomme librement son chef, ses conseils, elle s'administre. Voilà une minorité qui règne sur un territoire limité, mais qui règne. Si ce système avait été admis en France pendant la Révolution, il n'y aurait pas eu de guerre de Vendée. Les fonctionnaires seront élus ou nommés de la même manière. Il n'y aura plus de plaintes des minorités, et elles se consoleront facilement de n'avoir point pris part au parlement fédéral. Il ne manquera que les attributions législatives.

Dans un pays de fédération parfaite, comme ceux que nous avons décrits dans le cours de nôtre étude, cette satisfaction elle-même ne leur manque pas. C'est ainsi qu'en Suisse, excepté quelques lois fédérales du droit civil (loi des obligations, du mariage, de la poursuite pour dettes), toutes les autres sont cantonales. En Allemagne, toutes les lois politiques et administratives, d'impôt, etc., sont restées aux Etats. Aux Etats-Unis d'Amérique, parmi les lois il n'y a de fédérales que celles constitutionnelles de la fédération et quelques lois de police ou relatives aux rapports avec l'Etranger. Mais nous avons combattu ce particularisme législatif, incommode, contraire au cours de l'évolution. Mais il reste, en tous cas, aux provinces un grand nombre de règlements de police à faire, et nous avons vu qu'on pourrait leur donner des attributions législatives proprement dites, seulement provisoires.

La province, investie de tous ses droits se régira en grande partie librement suivra l'orientation qui lui convient, et ce sera souvent celle donnée par la majorité de province qui serait minorité dans le pays et qui sans cette autonomie aurait été étouffée. On possédera la représentation des minorités, cette fois très effective. Chaque parti sera maître là où il est cantonné et compact. Autrement la moitié des départements français étouffe l'autre moitié.

Mais sera-ce un bien et les avantages ne seront-ils pas compensés par des inconvénients plus grands ? N'en résultera-t-il pas même un danger nouveau, celui de la sécession ?

L'inconvénient consiste en ce que le pays sera tiraillé en sens divers, par exemple, ici par une masse républicaine, là par une fraction considérable monarchique, là-bas par des segments socialistes. Les pays de culture seront conservateurs ; ceux d'usines et de fabriques, radicaux. Mais ce tiraillement n'existe-t-il pas actuellement à la Chambre des Députés lorsque les minorités sont fortes et surtout lorsqu'il y a coalition entre elles ; le renversement des ministères n'en est-il pas la preuve ? Et dans le département, celui qui est conservateur ou réactionnaire, n'a-t-il pas un conseil général de même opinion ? Beaucoup de conseils municipaux des grandes villes ne sont-ils pas radicaux ou socialistes, tandis que le Parlement ne l'est pas ? Cette dissidence sera seulement accentuée. Est-elle juste et utile ? Nous le croyons ; la contrariété des opinions est une sauvegarde, elle éclaire, elle empêche les fautes auxquelles les majorités imprévoyantes sont enclines. Si elle n'a lieu qu'au Parlement et incomplètement, pour la délibération, plutôt que pour la décision, cela ne suffit pas la majorité sachant que l'avis de la minorité ne peut prévaloir n'en tiendra aucun compte, quelquefois même les voix seront étouffées. Mais si la minorité domine dans une province autonome, personne ne pourra lui imposer silence, elle sera chez elle au lieu d'être chez ses adversaires, ses ennemis, ce qui est bien différent. Elle décidera, elle agira, elle exécutera ; elle présentera tous les avantages des minorités.

Cependant elle ne pourra changer, en ce qui est fédéral, rien à la marche générale du pays. Dans le parlement national, la majorité continuera à dominer ; il ne pourra y avoir dislocation, anarchie dans la direction nationale.

Mais ne pourra-t-il pas y avoir sécession ? Autrefois les provinces de l'Ouest étaient animées d'un même esprit, contraire à la tendance générale de la France ? N'auraient-elles pas fini par se déclarer indépendantes ? Alors l'unité française serait brisée.

Ce résultat qui eût été possible en 1789 n'est plus à craindre. L'esprit provincial, loin d'être à redouter s'est, outre mesure, affaissé ; il s'agit plutôt de le réveiller que de le contenir. D'ailleurs les voies de communication et de correspondances sont trop faciles pour qu'on ne sorte pas souvent de la vie provinciale, même de la vie nationale, le présent est à la première, l'avenir à la seconde. Au contraire, les provinces heureuses de leur autonomie, délivrées de leur compression actuelle, aimeraient à appartenir à une unité supérieure, si libérale et si bienfaisante. L'amour de la petite patrie est le plus sûr garant de celui de la grande.

VI

DE L'INFLUENCE DU FÉDÉRALISME SUR LA PAIX INTERNATIONALE

Parmi les bienfaits qui résulteraient du fédéralisme, il en est un, de beaucoup le plus précieux, parce qu'il est singulièrement favorable à l'acquisition de la paix définitive et non armée entre nations. Le gouvernement parlementaire substitué au gouvernement absolu est aussi dans cette direction ; un souverain despotique déclarera beaucoup plus promptement la guerre pour raffermir la dynastie ébranlée, pour se couvrir de gloire, pour plaire à une aristocratie militaire, ou par caprice. Si la représentation nationale est sérieuse, si elle est le résultat d'une élection libre, elle voudra ne pas être en conflit avec l'opinion des électeurs, elle craindra de s'engager légèrement ; pendant qu'elle délibère, l'instant de colère est passé, on réfléchit de chaque côté, et la guerre est évitée. Si au gouvernement représentatif on joignait le gouvernement direct, l'effet s'accentuerait. La guerre votée provisoirement par le Parlement, devrait l'être ensuite par l'ensemble deś citoyens par voie de *referendum* à une certaine majorité. Maintenant il est douteux qu'une réponse *oui* soit facilement obtenue, d'autant plus que le vote serait secret. Si les femmes étaient admises à ce referendum, les chances de paix augmenteraient encore et il n'y aurait bientôt plus que des guerres inévitables, les guerres défensives. Comme ce résultat se produirait dans tous les pays, cela équivaudrait à la suppression de la guerre.

La fédération agirait aussi puissamment dans la même direction. D'abord, on pourrait exiger pour la déclaration de guerre l'assentiment des provinces. Mais d'une manière plus intrinsèque l'effet serait produit, il résulterait de l'existence même de la fédération. Il s'y formerait par l'opinion publique des centres extra-parlementaires de résistance au moins, d'avertissement ; ce serait un frein mis aux idées belliqueuses des assemblées par vanité ou ostentation de patriotisme. Ce n'est pas tout.

Nous pensons que la paix perpétuelle au dehors ne peut être obtenue que par une fédération extranationale, et que celle non-armée n'est possible que par la fédération, par exemple, de tous les Etats d'Europe avec un gouvernement *supra-fédéral* commun et une armée internationale fédérale. C'est une idée que nous avons développée dans une monographie. L'arbitrage même *préconstitué* exige le maintien des puissances sous les armes, la fédération seule peut supprimer cet armement. S'il en est ainsi, la fédération provinciale à l'intérieur de chaque pays amènera, par une sorte d'*endosmose* et par son influence continue, la fédération extérieure nécessaire. Quand chaque nation ne sera plus qu'une fédération intérieure, elle sera incitée à développer ce système hors de ses limites, et à se fédérer dans sa totalité avec d'autres, après s'être fédérée dans ses parties. *La fédération appelle la fédération*, de même qu'au contraire, l'*unitarisme appelle* l'*isolement*. D'ailleurs, le régime fédératif rend le corps social moins rigide, plus élastique, plus disposé à entrer en union avec d'autres corps sociaux.

L'expérience est dans ce sens ; les Etats fédératifs déclarent rarement la guerre ; bien plus, rarement ils la subissent. Ils en sont déshabitués, par cela même qu'ils règlent les conflits entre leurs cantons, Etats et provinces par voie amiable et cependant d'autorité. D'autre part, on ne les attaque pas, parce qu'on sait qu'on n'a rien à en craindre d'agressif, leur armée étant réduite au nécessaire. C'est ce qui a lieu pour la Suisse, pour les Etats-Unis, et si le contraire se produit dans les Républiques du Sud de l'Amérique, c'est qu'elles flottent entre le fédéralisme et l'unitarisme. D'ailleurs, celles qui sont franchement fédératives sont beaucoup moins guerrières.

Nous croyons que la question pacifique serait bien près d'être résolue si les Etats étaient fédératifs. C'est entre la France, l'Allemagne, la Russie, l'Italie, l'Angleterre, les grandes puissances unitaires, que le danger d'une guerre est le plus à craindre ; nous disons : l'Allemagne, quoiqu'elle soit fédérative, parce qu'elle possède un noyeau unitaire important. Si ces nations étaient fédératives, le choc serait amorti, puis empêché par la fédération même. Supposons que la partie de l'Alsace-Lorraine annexée à l'Allemagne soit non un pays de l'Empire, mais un Etat presque indépendant de la fédération comme la Bavière, que d'autre part la partie restée à la France y forme un Etat presque indépendant aussi, nous pouvons affirmer qu'il n'y aurait plus de question d'Alsace-Lorraine, ni pour la France, ni pour l'Allemagne. Il n'y aurait pas besoin pour cela de réclamer sa neutralisation expresse, il en existerait une tacite bien plus forte. L'Europe ne serait plus le champ de bataille de quelques fédérations, mais un damier de provinces fédérées ; on passerait de plein pied des unes aux autres, comme on suit le réseau de chemin de fer qui ne connaît pas plus les pays que les distances.

VII

DE LA POSSIBILITÉ DU GOUVERNEMENT DIRECT
AU MOYEN DU FÉDÉRALISME

Nous ne pouvons discuter ici les avantages et les inconvénients du gouvernement direct qui se réalise, comme on le sait, par le plébiciste et le referendum ; nous croyons que mitigé, c'est-à-dire lorsqu'il est éclairé préalablement par des débats parlementaires, il est excellent. Il vaut mieux statuer soi-même et non par d'autres sur ce qu'on est compétent pour décider. Mais cela est-il pratiquement possible?

Oui, quand il s'agit de très graves questions, par exemple, celles de la paix ou de la guerre, d'annexion ou de sécession, de changement essentiel dans la constitution, de forme de gouvernement, et alors le plébiciste est facile même dans un Etat unitaire. Tous les citoyens se réunissent le même jour dans toutes les communes et donnent leur avis par oui et par non.

Mais pour mouvoir ainsi tout le pays, il faut des questions bien importantes. Sur les autres, l'ensemble des citoyens serait incompétent, et d'ailleurs cette votation continuelle est énervante, elle amène beaucoup d'abstentions, parce que les questions communes à tout l'ensemble du pays deviennent par cela même abstraites.

Au contraire, le plébicite, le referendum provincial ou communal restent, pour ainsi dire, concrets, les principes localisés par ce seul fait deviennent à la portée de chacun ; aussi le referendum, contesté en matière nationale, réussit-il pleinement en matière communale. Des essais en ont été faits en France extra-légalement, mais avec succès. Par exemple, quoi de plus simple et de plus juste que de soumettre dans une commune une contribution extraordinaire ou un emprunt au vote populaire, après un vote provisoire du conseil municipal ? Le referendum sera éclairé, il empêchera de grever outre mesure les budgets municipaux. Il en sera de même en matière provinciale.

C'est ainsi que le referendum ferait sa propre éducation. Il s'exercerait mieux en matière nationale, après avoir fait ses preuves en matière provinciale et communale, et il le ferait sans risques. Les affaires communales sont très intéressantes pour les habitants de la commune, mais n'affectent pas la politique générale du pays.

Un avantage indirect non moins précieux serait celui de réveiller de l'indifférence politique et de combattre le mal de l'abstention électorale. Les abstentions gagnant quelquefois la moitié des électeurs. Cela se conçoit. Ils ne votent jamais sur des questions, mais sur des personnes ; et celles ci, quoiqu'elles aient souvent un mandat impératif tacite, les trompent ensuite si fréquemment que les électeurs perdent toute confiance.

Dès lors, à quoi bon voter? Il en serait tout autrement si les électeurs votaient directement sur les questions. On verrait alors des discussions ardentes, mais fécondes. Ce serait le résultat certain du referendum : réveiller l'opinion publique. Mais il la réveillerait bien plus encore en matière communale. C'est de là que jaillirait la vie politique, comme elle en avait jailli pour la première fois au Moyen-âge.

L'expérience est encore dans ce sens. Les seuls pays de régime direct qui existent, la Suisse, un peu les Etats-Unis, sont des pays fédératifs.

VIII

DES EXPÉRIENCES LÉGISLATIVES RENDUES POSSIBLES PAR L'ORGANISATION FÉDÉRALE

Nous avons déjà indiqué ce sujet ; nous voudrions y revenir en quelques mots.

Une activité législative extraordinaire se manifeste en certains pays. Nous ne voulons prendre qu'un seul exemple, la Suisse. Ses cantons ont chacun une législation différente en toute matière ; elle offre sous ce rapport une variété qui égale celle de ses paysages ; voilà pour l'espace. Puis, dans chaque canton, la législation est très mobile ; il y a sans doute des institutions archaïques, mais à côté, d'autres qui dépassent toutes les innovations proposées ; voilà pour le temps. Si la loi nouvelle réussit, si elle subit victorieusement l'épreuve de la pratique, elle passe à un autre canton et de là au pays tout entier.

L'activité législative n'est pas moins grande aux Etats-Unis. Chaque Etat possède sa législation particulière complète, la modifie incessamment. Les Etats se font des emprunts : un seul pratique l'expérience pour tous.

Est-ce un bien, ou vaut-il mieux pour tout le pays posséder une législation uniforme ?

Sans doute, cette diversité de législation a un inconvénient essentiel. Il faut, lorsqu'on a des affaires dans les diverses provinces de son pays, connaître les législations les plus diverses. Il existe une douane intérieure législative tout-à-fait gênante, et nous ne proposerions certes pas de rétablir la coutume de Bretagne, celle de Normandie, etc. Cependant certains avantages de ce système sont incontestables.

Lorsqu'il s'agit dans un pays fédéralisé de modifier la législation, on n'hésite guère, car on ne le fait que pour un territoire restreint. Si l'essai ne réussit pas, on n'aura pas déplacé d'une manière générale le cours du droit, il suffira d'arrêter le mouvement partiel avant qu'il se soit propagé. On ne reculera donc pas devant l'entreprise ; récemment deux cantons en Suisse, ont essayé l'assurance obligatoire contre le chômage ; les autres attendent. S'il s'agissait d'innovations économiques, le moyen serait très prudent, l'application réelle ferait cesser toutes les réclamations basées sur des hypothèses ; ce qui est faux se découvrirait tout de suite, ce qui est vrai resterait. Les Etats fédératifs ont à leur disposition la pierre de touche ; cela les rend à la fois hardis et sages ; leur hardiesse territorialement limitée est de la prudence par définition.

Il n'en est pas de même dans les Etats unitaires. Ils n'osent rien, même quand les partis les plus téméraires sont au pouvoir, parce qu'ils ne peuvent rien essayer sans mouvoir un vaste organisme centralisé, sans opérer sur une énorme surface ; ces essais, s'ils ne réussissaient pas, discréditeraient ainsi tous progrès nouveaux ; c'est pour cela que ceux qui paraissent si hardis sont en France si timides quand on leur met le pouvoir en mains. Aussi les pays unitaires ne sont jamais des pays d'entreprise, pas plus au point de vue législatif qu'à tout autre. Sans doute, à tout inconvénient se trouve joint un avantage. Celui-ci est inappréciable et consiste dans le bienfait d'unité de législation.

Mais ne serait-il pas possible d'avoir l'avantage, en rejetant l'inconvénient ?

On le pourrait en employant un système nouveau, celui des expériences législatives. Chaque province pourrait demander au Parlement et obtenir l'application d'une loi nouvelle votée par le Conseil provincial pour l'étendue de la province, seulement pour un certain nombre d'années. Si l'expérience réussissait, la loi deviendrait vite nationale ; la nation en aurait le bénéfice sans les risques. Si elle ne réussissait pas,

elle disparaitrait même dans la province qui l'aurait essayée, et cela sans grand trouble, sans que l'ensemble
du pays fut affecté par un déplacement dans les habi-
tudes juridiques. Quelquefois une loi nouvelle entraîne des dépenses, par exemple, l'application du
système Torrens, en France, en matière hypothécaire,
puisqu'il faut procéder d'abord à la réfection du cadas-
tre. Cette dépense pour une province serait limitée.

De son côté, l'Etat national pourrait inviter telle
province à faire l'essai d'un système nouveau, et proposer de prendre à la charge de la Nation les dépenses
qui en résulteraient, par exemple dans le cas ci-dessus, la réfection cadastrale limitée. Il y aurait ainsi
un double courant : celui de l'Etat à la fédération,
et celui de la fédération à l'Etat confédéré, ayant le
même résultat, l'expérience limitée d'une loi.

Cette expérience n'est possible qu'avec la fédération. On ne pourrait en charger un département.
Tout d'abord le champ d'application serait trop restreint ; celle-ci doit être régionale. Puis le département non autonome n'a pas assez d'initiative pour
voter, pas assez d'action pour employer ces lois. Il
faut un véritable petit pays, se sentant le droit et la
force de légiférer, quoique d'une manière provisoire
et cantonnée. De plus, cette initiative l'encouragerait,
lui ferait prendre une plus large part à la vie politique. Celle-ci ne s'accumulerait plus au cœur, mais
circulerait dans chacun des membres qui ne le gar-
derait pas pour lui, mais la ferait circuler à son
tour jusqu'à l'organe central par un double mouve-

ment analogue à ce que sont la circulation du sang et l'hématose dans le corps humain.

IX

DE LA MULTIPLICATION DES FOYERS INTELLECTUELS

Le foyer intellectuel dans un grand pays doit-il être unique, intense et rayonnant très au loin, ou bien est-il préférable d'en posséder plusieurs, moins intenses sans doute, mais communiquant leur chaleur et leur lumière de plus près ? Il peut y avoir en thèse une certaine hésitation sur ce point et l'expérience seule peut répondre. Constatons d'abord que dans les pays centralisés le foyer est unique, que les foyers sont multiples, au contraire, dans les pays ou fédéralisés, ou de petite étendue.

En France et dans les pays unitaires le flambeau est unique, mais très brillant ; il est placé à Paris, soit dans la science officielle, soit dans la science libre, les facultés de province ne sont que des étincelles détachées de la première, sans existence individuelle, dès qu'elles se sont séparées. En vain une loi nouvelle a-t-elle essayé de décentraliser sur ce point en substituant aux facultés des universités régionales. Elle n'a créé qu'un mot de plus. Ces pseudo-universités n'ont pas de vitalité propre ; elles sont à l'université véritable ce que la décentralisation est à la fédération. En revanche le foyer central qui demeure seul est très brillant.

En Allemagne, aux Etats-Unis, dans les pays de fédération et en outre dans les petits pays isolés : la Belgique, la Hollande, la Suisse, il y a beaucoup de foyers·et très intenses. Chaque province, chaque Etat, possède son université indépendante, souvent il y en a même plusieurs ; l'instruction est plus universellement répandue, l'émulation augmente, la science libre se trouve plus à l'aise, n'étant pas gênée par un réseau d'institutions officielles centrales. Il n'y a pas une université, mais des universités, pas une science, mais des sciences. Chaque province lutte pour la science et pour l'art sans se reposer de ce soin sur l'Etat, ailleurs seul vigilant. L'initiative individuelle gagne singulièrement à ce système.

Il nous paraît de beaucoup préférable. On peut cependant y opposer la nécessité de l'unité de programme des études qui existe en elle-même, et qui est rendue plus grande par les épreuves des examens universitaires. Cet argument serait bien affaibli si le baccalauréat était supprimé suivant le projet aujourd'hui proposé. Mais cette diversité de programmes n'a-t-elle pas son utilité ? Chacun peut augmenter tel sujet d'étude et diminuer les autres. L'uniformité trop grande détruit l'individualité, l'originalité d'esprit, et engendre une capacité purement mnémonique et artificielle.

Le fractionnement provincial multiplierait ainsi les foyers intellectuels ; ils éclaireraient tout le pays, et chacun aurait sa couleur spéciale ou sa teinte, non celle uniforme et pâle d'un enseignement neutre, commandé. La lumière ne se perd pas en se divisant ; elle se répand davantage.

X

LA FÉDÉRATION N'A PAS POUR CONSÉQUENCE OBLIGATOIRE LA DÉLÉGATION INDIRECTE

Quelques esprits ont tiré de l'organisation fédérative quelques fausses conséquences. Ils ont exagéré ou plutôt mal compris le communalisme ou le provincialisme. Suivant eux, les électeurs n'ont qu'à choisir dans leur commune un conseil municipal ; pour cela ils sont parfaitement compétents, car ils nomment entre ceux qu'ils connaissent seulement. Ce serait même là un des principaux bienfaits du fédéralisme, on ne ferait jamais qu'un triage conscient. Quand il s'agirait des élections provinciales, ce seraient les conseils municipaux qui seraient seuls électeurs ; l'élection se ferait non pas par les citoyens individuellement, mais par les communes. Enfin l'élection au Parlement national émanerait des conseils provinciaux. On aurait ainsi une véritable élection à trois degrés, un vote indirect parfaitement et assez logiquement organisé.

Ce système ne peut valoir que ce que vaut le vote indirect à plusieurs degrès. Il a, en effet, l'avantage de prescrire des votes plus conscients, non en ce qui concerne les partis, mais en ce qui concerne les personnes. Mais il a l'inconvénient grave de diluer le suffrage, de le réfracter, de le fausser. Si l'on est souvent trompé par son élu direct que sera-ce lorsqu'il s'agira de l'élu indirect! L'épreuve de l'expérience a définitivement condamné ce système. La Chambre des Députés doit être élue directement par chacun des électeurs, en passant par dessus les intermédiaires des représentants communaux et provinciaux.

Est-ce à dire que la Commune, que la Province ne devront pas être représentées comme telles auprès de l'Etat ? Nullement. Mais alors il s'agit d'une représentation spéciale, celle réalisée par le bundesrath en Allemagne, par le Conseil des Etats en Suisse, par le Sénat aux Etats-Unis, et il n'y a plus là alors de suffrage indirect, ni à plusieurs degrés véritable. C'est l'Etat et non plus chaque citoyen qui est représenté. D'ailleurs dans chaque Etat, c'est tantôt le conseil provincial, tantôt tous les citoyens qui nomment. Il y a là une question de détail. Chaque Etat, qu'il soit plus ou moins populeux, ne possède qu'une voix.

Mais dans ces pays, à côté de cette assemblée spéciale, il y en a une autre, le Parlement véritable. Il n'est point élu par Etat ni au suffrage indirect, mais par l'universalité des citoyens, même dans des pays aristocratiques et à autonomie provinciale accentuée, comme l'Allemagne. Introduire dans le Parlement, ou plutôt dans son organe le plus essentiel, le vote indirect comme moyen de recrutement sous prétexte de fédéralisme, ce serait détruire d'abord l'unité nationale, puis admettre le vote à plusieurs degrés qui fausse essentiellement la volonté des électeurs.

XI

DU CRITÉRIUM DES MATIÈRES FÉDÉRALES, DÉDUIT DE L'INTÉRÊT COMMUN

Nous avons enuméré les divers *critères* qui, à diverses époques, ont servi ou pourraient en raison servir à distinguer les matières de législation fédérale de celles de législation provinciale. Il en a été proposé un autre. Il y aurait lieu en principe toujours à législation communale ; on réserverait seulement à celle provinciale ce qui intéresserait plusieurs provinces, à celle nationale ce qui intéresserait la nation toute entière.

Ce critère est beaucoup trop élastique. Il est difficile de distinguer ces divers intérêts quand on en vient à l'application. De plus, il est funeste en lui-même. Laisser à la commune tout ce qui n'est pas interprovincial, ou international, c'est lui abandonner presque toute la législation ; or, nous avons signalé les inconvénients des législations diverses. Tel est d'ailleurs le système des Etats-Unis. L'autonomie provinciale y gagne, mais c'est aux dépens de l'utilité pratique. Quelle gêne de changer de législation toutes les fois qu'on change de province, comme dans l'ancienne France !

Cependant il faut reconnaître qu'en pure raison le criterium serait juste. Chaque province doit rester parfaitement indépendante, et la législation est une des parties les plus précieuses de l'autonomie. La logique ne commande, en effet, de lui retirer que ce qui est d'intérêt commun à toutes les provinces, c'est-à-dire ce qui concerne la défense et la représentation extérieure, les conflits entre provinces, le commerce international. Comment donc concilier la théorie et la pratique ?

Il y aurait un moyen simple. Sans doute, l'unité de législation est désirable, mais ne l'est-elle pas aussi entre nations différentes, et ne serait-il pas presque aussi intéressant d'avoir un code de commerce commun à la France, à l'Angleterre, à l'Espagne que d'en posséder en France un applicable à tout le territoire. Cependant on ne pourrait parvenir à l'unification internationale des lois que par une convention libre. Ce serait logiquement le même moyen qu'il faudrait employer pour les diverses provinces ; on n'invoquerait pour cela que l'autorité de la raison.

Cependant même ainsi les inconvénients ne seraient pas détruits. L'entente pourrait ne pas s'établir, et on tomberait dans un nouveau cahos législatif. Il nous semble qu'on aurait fait le raisonnable au profit de l'autonomie législative provinciale, en lui accordant les expériences législatives, ce serait lui donner le pou-

voir temporaire et limité de faire des lois ; ce pouvoir
ne s'arrêterait que devant le besoin d'uniformité définitive nécessaire au bien du pays entier.

XI

DE L'OBJECTION DES PARTIS POLITIQUES
A L'ADMISSION DU RÉGIME FÉDÉRATIF

A un point de vue très contingent, on s'oppose à
l'admission du régime fédératif sous prétexte qu'un
tel régime est recherché aujourd'hui par les monar-
chistes et les conservateurs, qu'il conduirait à des résultats dans ce sens, et formerait un moyen de résistance aux volontés du pouvoir central représentant
l'ensemble du pays.

Cette objection n'est pas tout à fait sans raison ap-
parente. Il est certain qu'aujourd'hui les non-républi-
cains de différents groupes préconisent la décentralisation, et que par conséquent, ils compteraient bien y
trouver leur compte. Ils y auraient en tout cas, comme
nous l'avons dit, une véritable représentation des
minorités et pourraient devenir maîtres dans leurs
provinces. Il n'est donc pas étonnant qu'ils veuillent
décentraliser. Ce n'est pas d'aujourd'hui qu'on leur
a fait ce reproche, et même entre républicains les
plus avancés l'opposaient aux Modérés, la Montagne
traitait les Girondins de fédéralistes.

Mais, par contre, ne voyons-nous pas la fédération en vigueur surtout chez les peuples républicains? Pourquoi citer encore l'exemple des Etats-Unis et de la Suisse ? Pour les habitants de ce pays, le régime républicain ne se comprendrait même pas sans régime fédératif, et ils croiraient perdre leur liberté, si on leur proposait un gouvernement centralisé. Leur préjugé serait inverse du nôtre.

Comment les concilier tous les deux et les expliquer? D'une manière bien simple. Si le parti conservateur réclame en France la fédération, c'est qu'il est en minorité, et que la fédération donnerait à cette minorité un certain pouvoir, tandis que l'unitarisme l'annule. C'est dans le même but qu'il réclame la représentation des minorités proprement dites. S'il arrivait au pouvoir, il ne voudrait plus ni de l'une ni de l'autre, puisqu'elles lui nuiraient, loin de lui profiter. Ce sont les républicains qui, devenus minorité, réclameraient à leur tour la représentation des minorités et aussi le fédéralisme. Les plus libéraux deviennent autoritaires, lorsqu'ils sont au pouvoir et les plus autoritaires deviennent libéraux lorsqu'ils en descendent, par un jeu mécanique et inconscient.

Il faut donc écarter tous ces motifs contingents et subjectifs qui se balancent, et ne rechecher que la vérité objective. D'ailleurs, ils prouvent que tantôt au profit des uns, tantôt au profit des autres, toujours au profit de l'opprimé, le système fédératif est le garant certain des libertés.

XIII

DU DÉPART ENTRE L'ÉLÉMENT PROVINCIAL ET L'ÉLÉMENT FÉDÉRAL DANS LE NOUVEAU CODE CIVIL ALLEMAND.

Il est curieux d'étudier d'une manière concrète, sur un élément législatif récent, comment on a distingué le fédéral du provincial. On sait que l'Allemagne dans sa constitution a réservé à l'Empire, non seulement les matières fédérales par nature, mais beaucoup d'autres, en particulier, le droit civil. En conséquence, elle vient de promulguer en août dernier un Code civil commun à tout l'Empire, et qu'elle élaborait depuis vingt ans.

Dans ce Code le législateur n'a pas osé conserver toute la législation civile ; il en a séparé soigneusement tout ce qui touche de près ou de loin au droit politique ou administratif, que le droit civil atteint cependant indirectement ; il a abandonné aussi à la législature des Etats de nombreux détails.

Cette manière d'agir était nécessaire pour ne pas les froisser, mais se trouve souvent illogique.

Voici les matières purement civiles ou connexes à celles administratives pour lesquelles le Code civil allemand renvoie à la législation des Etats.

1° les constitutions familiales des princes allemands de certains droits patrimoniaux et de famille de la noblesse déjà réglés pour elle.

2° les fidéicommis de famille et les fiefs.

3° les hypothèques, dettes foncières ou rentes foncières dans certains cas sur des immeubles qui d'après le Code civil ne peuvent être grevés que d'une manière restreinte.

4° le bail héréditaire.

5° le droit d'*hoferecht*.

6° le droit aux eaux, l'irrigation et le drainage.

7° le droit minier et les dommages y relatifs.

8° les lois sur la chasse et sur la pêche, et les principes d'estimation du dommage causé par le gibier, le droit à la réparation de celui causé par des animaux autres que ceux indiqués au Code civil, la responsabilité du propriétaire ou du possesseur de l'enclos, le règlement des dommages-intérêts, l'obligation des communes aux réparations de ces dommages.

9° le droit des assurances.

10° le contrat d'édition.

11° la responsabilité des Etats et des communes pour leurs fonctionnaires, et la responsabilité de ceux-ci pour leurs subordonnés, ainsi que celles des experts.

12° les droits et les traitements des fonctionnaires, la limitation de la cessibilité des traitements et pensions.

13° la constitution des associations dont la capacité juridique dépend de la concession de l'Etat.

14° les associations forestières.

15° l'incapacité juridique d'acquérir des corporations religieuses.

16° la dévolution des biens d'une association dissoute.

17° la limitation du droit d'acquérir des personnes juridiques ou la nécessité dans ce but d'une autorisation de l'Etat.

18° la nécessité de l'autorisation de l'Etat pour la validité des donations faites aux religieux ou des legs à leur profit.

19° la nécessité d'autorisation pour l'acquisition d'immeubles par des étrangers.

20° le droit des corporations de droit public à une inscription hypothécaire sur les biens du débiteur.

21° le délai à observer pour donner congé d'une location.

22° le prêt sur gage et l'exercice de cette industrie.

23° le louage des domestiques.

24° l'inscription des créanciers sur le grand livre de la dette publique.

25° le remboursement et la conversion des dettes de l'Etat.

26° les Caisses d'épargne publiques.

27° les titres au porteur émis par les Etats ou les établissements publics, ordonnant des formalités spéciales.

28° la conversion des obligations au porteur en obligations nominatives, et l'annulation des titres.

29° les règles d'après lesquelles les Etats et établissements publics tenus d'une dette alimentaire peuvent exercer leurs recours.

30° le remboursement des contributions publiques.

31° la responsabilité de l'entrepreneur de chemins de fer ou de toute autre entreprise pouvant causer un danger public.

32° la responsabilité de l'entrepreneur de travaux publics.

33° la réparation des dommages causés à un immeuble par un délit.

34° l'obligation de réparer ceux causés par une émeute.

35° l'indemnité due pour expropriation pour cause d'utilité publique.

36° la réunion ou la division d'immeubles de propriété communale, la voirie, la restriction des servitudes et des charges réelles.

37° l'interdiction de l'affectation d'un immeuble à certaines servitudes réelles ou personnelles limitées, la limitation, ou la détermination de l'étendue de ces droits.

38° l'interdiction de l'affectation d'un immeuble au-delà d'une valeur déterminée.

39° le rang de préférence accordé à une rente, une hypothèque, une dette foncière ou une rente foncière appartenant à un Etat ou à un établissement public en vertu d'un prêt pour l'amélioration d'un fonds.

40° la limitation du droit d'aliéner les immeubles ou celle du droit de partager ou d'aliéner séparément certains fonds exploités en commun.

41° la répartition, en cas de partage d'immeuble;

des charges qui le grèvent sur les différents points, et l'exonération, en cas de vente, de la fraction vendue.

42° le droit du voisin sur les arbres fruitiers contigus.

43° le droit de passage pour relier un fonds à un canal ou à un chemin de fer.

44° les limitations de la propriété des immeubles au profit d'un fonds voisin, la distance de plantation des arbres et arbustes.

45° l'exécution de la loi sur l'industrie relative aux chemins de fer, à la navigation à vapeur et aux entreprises de transport.

46° le transfert de la propriété d'un immeuble non inscrit sur le registre foncier ou la constitution ou la suppression d'une servitude sur un tel immeuble.

47° l'appropriation d'un immeuble abandonné.

48° celle des pigeons abandonnés.

49° les règles de l'indivision par étages entre les copropriétaires d'une maison.

50° l'éducation religieuse des enfants.

51° l'éducation forcée des mineurs.

52° l'attribution de la succession à une corporation ou fondation au lieu du fisc, son attribution au fisc, si le décédé était entretenu par l'Etat.

53° la confection d'un inventaire d'office par le tribunal de succession.

54° la compétence attribuée aux tribunaux seuls ou aux notaires seuls pour les actes pour lesquels le Code civil permet l'une ou l'autre forme.

55° la déclaration à faire pour la transmission immobilière devant d'autres fonctionnaires que ceux indiqués par le Code civil et dans d'autres formes.

56° la compétence personnelle et réelle de la caisse de consignation, et la fixation de cette caisse, la formalité de consignation, ainsi que la faculté d'y déposer d'autres objets que l'argent.

57° la confection des actes judiciaires ou notariés.

Nous avons donné cette liste non comme un modèle à suivre, mais comme une curiosité. On remarquera que les lois civiles réservées aux Etats touchent de très près, 1° soit au droit administratif, 2° soit au droit politique dans le sens féodal. Il y a là une frontière difficile souvent à limiter, et la réserve faite au profit des Etats est très large; cela s'explique dans un pays récemment fédéré et où auparavant les Etats étaient entièrement autonomes; on a craint de froisser les susceptibilités.

Ce départ résulte de la loi d'introduction, mais dans le Code civil lui-même, le renvoi aux lois des Etats est fréquent aussi et prend un autre caractère, il s'attaque davantage au droit civil lui-même, il renvoie aux lois des Etats comme notre Code français de fait aux usages locaux sur beaucoup de points.

L'harmonie et l'ordonnance du Code est certainement troublée par ces renvois incessants et lors de la discussion au *reichstag* plusieurs députés en ont fait l'observation. Mais c'est la conséquence inconsciente de ce principe qu'une partie de la législation en reste communale et locale, et qu'on ne peut l'arracher de son lieu naturel et nécessaire. De même, chez nous le renvoi aux usages. Il y a une part de législation provinciale indestructible.

XIV

DES RAPPORTS ENTRE LES TROIS ÉTATS SOCIOLOGIQUES DE L'ISOLEMENT, DE LA FÉDÉRATION ET DE L'UNITARISME AVEC LES ÉTATS BIOLOGIQUES CORRESPONDANTS.

Il est intéressant de constater à quels états biologiques correspondent ceux que nous avons décrits ici. Il est incontestable, en effet, qu'entre la biologie et la sociologie se trouvent les concordances et les plus frappantes. Faut-il en conclure qu'il n'y a là que des images, ou que la Société a une existence substantielle, distincte de celle des individus qui la composent, une existence super-organique ? Nous inclinons à le penser, mais ce n'est pas ici le lieu de le discuter, d'autant que la discussion serait longue, cette théorie étant combattue par la plupart des sociologues. Cependant elle a pour elles de grandes vraisemblances, si l'on réfléchit que l'individu biologique n'est, en réalité, que l'association intime d'êtres inférieurs, à l'origine aussi distincts les uns des autres que les individus actuels. Mais ce qui nous intéresse ici, ce n'est pas la solution de cette question, mais la concordance entre les deux ordres d'idées : le biologique et le sociologique dans le sujet qui nous occupe.

En biologie, le *processus* de la fonction et du développement des êtres vivants, soit animaux, soit végétaux, est le suivant. Des êtres microscopiques, de simples cellules uniques ont d'abord une existence tout à fait isolée, les amibes, les protamibes, par exemple ; leur composition, si l'on peut employer ce mot est simple et non différenciée, il en est de même de leurs fonctions. Ce premier stade est exactement semblable à celui des hommes, d'abord isolés famille à famille ou individus à individus, sans autre rapport entre eux que la rencontre par la guerre.

Mais bientôt l'etat zoologique s'élève au-dessus de celui-là. Divers êtres élémentaires de même nature s'unissent pour constituer une colonie animale, ce que nous appellerons une colonie interne. Ils se rangent à la suite les uns des autres par segments, soit en configuration sphérique, soit surtout en configuration linéaire. Chaque segment reste en grande partie indépendant malgré sa cohérence. Il ressemble à l'autre segment, mais tous n'ont en commun que la tige indivise qu'ils secrètent et le canal alimentaire. Cependant peu à peu le segment antérieur qui préside à la marche et à la préhension des aliments prend une hégémonie sur les autres pour beaucoup de fonctions ; il finit par constituer la tête de l'animal hiérarchisé; entre les segments le canal nourricier reste commun ; souvent chacun d'eux prend un rôle particulier, mais chacun conserve cependant indépendamment la plupart de ses fonctions. Cet état est admirablement décrit par M. Perrier dans son beau livre : *des colonies animales.*

Hé bien ! en sociologie, le *processus* est identique, c'est le stade de l'état fédératif. D'abord les atomes sociologiques se réunissent, mais chacun conservant son indépendance et son égalité, il n'y a que juxtaposition pour la lutte et l'acquisition de la nourriture en commun, puis l'un des Etats acquiert l'hégémonie, la confédération se trouve hiérarchisée ; chaque province a d'abord des productions différentes, puis se socialise. Puis la fédération augmente, chaque segment social, chaque province, abandonne successivement de ses fonctions spéciales à un grand courant fonctionnel qui parcourt toute la fédération. Ce n'est plus seulement la fonction de défense, mais aussi celle de nutrition, puis les autres. De même que dans l'état zoologique, il se forme un canal commun de circulation du sang, un autre de digestion, un autre d'excrétion, de même il y a des réseaux communs de voirie, d'administration, d'enseignement. La vie segmentaire est moins intense, l'hégémonie de la capitale s'accroît, la tête sociale apparaît.

Enfin dans la biologie ainsi que dans la sociologie on aperçoit le troisième stade. En biologie la vie des segments s'efface ; les viscères les plus importants y sont soustraits ; les segments ont encore la structure, mais n'ont plus les fonctions physiologiques distinctes. Tel est le cas des vertébrés. On ne retrouve de la vie annulaire, segmentaire, que des vestiges. L'intelligence segmentaire survit cependant, c'est elle qui partie de la moëlle de chaque vertèbre cause les mouvements reflexes ; mais combien cette sub-existence est abaissée !

Il en est de même en sociologie dans l'état d'unitarisme. Les provinces ou les Etats confédérés perdent chaque jour de leur autonomie. Ce n'est plus seulement la défense extérieure, la solution des conflits intérieurs, les voies de communication qui sont mises en commun ; un réseau judiciaire, un autre administratif s'étendent partout ; bientôt un vaste courant législatif uniforme vient les pénétrer ; la tutelle administrative règle leurs mouvements. La province qui forme la tête sociale se renfle en un vaste cerveau où toute l'autorité intellectuelle aboutit. Il ne reste des provinces que la forme territoriale et géographique.

Faut-il s'arrêter là ? Non, pas plus en sociologie qu'en biologie. En biologie, il est vrai, nous ne rencontrons plus rien au delà des vertébrés et de l'homme, leur type le plus élevé. Mais il est facile d'observer que lorsque la vie intellectuelle de l'individu est trop intense, que le cerveau exagère son hégémonie, il en résulte une dégénérescence de la race Les segments entièrement sacrifiés à ceux cérébraux finissent par s'atrophier et en s'atrophiant, font dépérir le tout. Aussi l'hygiène ramène-t-elle forcément l'attention sur eux. Il faut revenir aux exercices gymnastiques où chaque segment retrouve une culture propre. On combat l'excès de centralisation biologique, l'équilibre nécessaire se rétablit par une vraie décentralisation, ou c'en est fait de l'individu et surtout de l'espèce.

Il en est de même en sociologie. L'Etat trop unitaire, trop centralisé, attire continuellement vers la
capitale du pays, puis vers les grandes villes, tous les
éléments vitaux, la vie se retire des extrémités. Il
est alors grand temps de réagir et de revenir à une
décentralisation, à un état fédératif nouveau, mais
supérieur à l'ancien, perfectionné.

XV

LE RETOUR A L'ÉTAT FÉDÉRATIF N'EST-IL PAS UN REGRÈS ?

L'objection la plus forte qu'on puisse faire au retour au fédéralisme, non pour le praticien, mais
pour le penseur, c'est précisément qu'en observant
l'ordre historique de développement des Sociétés
l'état fédératif semble non un progrès, mais un regrès. Faut-il donc revenir en arrière, lors que le per-
fectionnement est toujours en avant ? N'y a-t-il pas
là une condamnation de tout le système ?

La réponse est assez difficile dans un espace restreint, et il nous faut renvoyer à une de nos études
précédentes : *de la forme graphique de l'évolution*.
Le progrès humain et social ne marche point en
ligne droite, il décrit une courbe ouverte de forme
spiraloïde. On semble revenir au bout d'un certain
temps au point de départ et avoir parcouru un cercle

qui nous enfermerait fatalement, mais ce n'est qu'une apparence, les points de départ et d'arrivée sont, il est vrai, sur la même ligne verticale, mais la ligne horizontale s'est élevée. Nous en avons donné des preuves nombreuses que nous ne pouvons répéter ici.

Mais il est facile d'y faire l'application de cette idée. Le premier fédéralisme a des inconvénients pratiques nombreux, surtout celui de la diversité de législation ; dans le second fédéralisme, celui qui doit succéder à l'unitarisme, la législation reste uniforme. Le second fédéralisme, d'autre part, n'a pas les idées étroites du premier ; l'idée de patrie commune s'y est consolidée, le premier renfermait le danger de sécession que le second n'aura pas. Le premier était souvent monarchique, le second le sera rarement. Dans le premier la lutte armée de province à province était possible, non dans le second. Ce fédéralisme nouveau emportera du stade unitaire par lequel il aura passé tous les avantages de ce stade. En 1789, l'existence de la province pouvait être un obstacle ; en 1896 elle serait un instrument de progrès.

Dans la comparaison, d'ailleurs, avec le monde biologique, on a vu que la centralisation excessive du corps humain par un afflux trop continuel au cerveau peut nuire à l'individu et à la race ; alors par un régime hygiénique et gymnastique on déconcentre cet afflux vital trop exclusif en restituant aux divers membres du corps ce à quoi ils ont droit. Ce n'est pas un regrès ; cependant on semble revenir par là à l'état segmentaire, mais le retour est utile et perfectionné. Il en est exactement de même dans le monde sociologique. On rend au corps social l'élasticité, l'autonomie nécessaire de chaque partie, sans détruire l'hégémonie nationale, ni même affaiblir l'idée de patrie, on épure seulement cette idée, et on en fait, au lieu d'un instinct brutal et inconscient, une pensée réfléchie et raisonnable.

TABLE DES MATIÈRES

Saint-Amand (Cher). — Imp. DESTENAY, Bussière frères.

A LA MÊME LIBRAIRIE

Les sélections sociales, *Cours libre de science politique,* professé à l'Université de Montpellier (1888-1889), par G. DE LAPOUGE, 1 fort vol. in 8, relié toile anglaise . . . . 10 fr. »»

BIBLIOTHÈQUE DE L'HISTOIRE DU DROIT ET DES INSTITUTIONS

Tome I : **Études sur l'histoire des institutions primitives,** par sir HENRY SUMNER-MAINE. Traduit de l'anglais, avec une préface, par M. Jos. DURIEU DE LEYRITZ, avocat ; et précédé d'une introduction, par M. H. d'Arbois de Jubainville. membre de l'Institut, professeur au Collège de France. 1 vol. in-8 . . . . 10 fr. »»

Tome II : **Étude sur l'ancien droit et la coutume primitive,** par sir HENRY SUMNER-MAINE. Traduit de l'anglais, avec l'autorisation de l'auteur, par M. RENÉ DE KERALLAIN, avocat, docteur en droit. 1 vol. in 8.   10 fr. »»

Tome III : **Études sur les mœurs religieuses, juridiques et sociales de l'Extrême-Orient,** par sir ALFRED C. LYALL, lieutenant-gouverneur du Nord-Ouest (Inde). Traduit de l'anglais, avec l'autorisation de l'auteur, par M. RENÉ DE KERALLAIN, avocat, docteur en droit. 1 vol. in-8.   12 fr. »»

Tome IV : **Essais sur le gouvernement populaire,** par sir HENRY SUMNER-MAINE. Traduit de l'anglais, avec l'autorisation de l'auteur, par M. DE KERALLAIN, avocat, docteur en droit. 1 vol. in-8 . . . . . 7 fr. 50

Tome V : **Études sur l'histoire du Droit,** par sir HENRY SUMNER MAINE. Traduit de l'anglais, avec l'autorisation de l'auteur par M. DE KERALLAIN, avocat, docteur en droit. 1 vol. in 8. . . . . 12 fr. »»

Ce volume renferme : 1° *Les Communautés du village en Orient et en Occident.* — 2° *L'Inde et les idées de l'Europe moderne.* — 3° *Théorie de la preuve.* — 4° *Le droit romain et l'Education juridique.* — 5° *La famille patriarcale.* — 6° *L'Inde de l'Angleterre.*

Tome VI : **Le droit international. — La Guerre,** par sir HENRY SUMNER-MAINE. Traduit de l'anglais, avec autorisation des éditeurs, par M. RENÉ DE KERALLAIN, avocat, docteur en droit. 1 volume in-8 . . . . . . 7 fr. 50

Tome VII : **Droits et libertés aux États-Unis,** *leurs origines et leurs progrès,* par ADOLPHE DE CHAMBRUN, membre du barreau de Washington et conseil-avocat de la légation de France aux États-Unis. 1 vol. in-8.   12 fr »»

Tome VIII : **La condition de la propriété dans le nord de la France. Le droit de marché,** par M. JOSEPH LEFORT, avocat au Conseil d'État et à la Cour de Cassation, lauréat de l'Institut de France. 1 vol. in-8.   5 fr. »»

Tome IX : **Introduction à l'étude de la science politique,** par sir FREDERICK POLLOCK, traduit de l'anglais par M. RENÉ DE KERALLAIN. In-8 . . . . 12 fr. 50

Tome X : **Établissement et Révision des constitutions en Amérique et en Europe.** Étude de législation comparée, par M. CH. BORGEAUD. 1 vol. in-8 . . . . 7 fr. 50

Tome XI : **Le Pouvoir exécutif aux États-Unis.** Étude de droit constitutionnel, par AD. DE CHAMBRUN. 2e édition, revue et augmentée, 1 vol. in 8 . . . . 10 fr. »»

SAINT AMAND (CHER). — IMP. DESTENAY, BUSSIÈRE FRÈRES

www.ingramcontent.com/pod-product-compliance
Ingram Content Group UK Ltd.
Pitfield, Milton Keynes, MK11 3LW, UK
UKHW020737120726
13693UKWH00001B/373